给孩子的历史启蒙书

少儿彩绘版

中国历史故事

3 秦汉

胡芳芳 著

中华书局

图书在版编目（CIP）数据

中国历史故事. 秦汉/胡芳芳著. —北京：中华书局，2022.7
（中国历史故事）
ISBN 978-7-101-15582-2

Ⅰ.中… Ⅱ.胡… Ⅲ.①中国历史-秦代-儿童读物②中国
历史-汉代-儿童读物 Ⅳ.K209

中国版本图书馆 CIP 数据核字（2022）第 016194 号

书　　名	中国历史故事（秦汉）
著　　者	胡芳芳
绘　　图	竞仁文化
丛 书 名	中国历史故事
责任编辑	杜国慧
责任印制	管　斌
出版发行	中华书局
	（北京市丰台区太平桥西里 38 号　100073）
	http://www.zhbc.com.cn
	E-mail：zhbc@zhbc.com.cn
印　　刷	大厂回族自治县彩虹印刷有限公司
版　　次	2022 年 7 月第 1 版
	2022 年 7 月第 1 次印刷
规　　格	开本/787×1092 毫米　1/16
	印张 7½　字数 115 千字
印　　数	1-3000 册
国际书号	ISBN 978-7-101-15582-2
定　　价	30.00 元

精彩的历史，好看的故事

——致读者

几乎每个中国人都知道，中华文明有"上下五千年"之久，现代考古学研究则告诉我们，在五千年之前，中华大地上的聚落和城邑已星罗棋布，不同的群体聚居在各地，共同向文明迈进，最终汇聚成统一而包容的中华文明。今天，我们能从文字记载中考察到的中国历史，最远也可以上溯到那个文明交汇的部落时代——记录在神话与传说中。从远古的三皇五帝，到辛亥革命推翻帝制，几千年来，一代代史家用文字郑重地书写着我们民族的历史，从未间断，这在世界上是独一无二的。

前人为我们留下了数不清的历史文献，这些皇皇史册连缀起一条中国古代历史的长河，映照出了河水中的朵朵浪花——一个个跌宕起伏的故事、一群群生动鲜活的人物……

历史不是尘封的记忆，而是曾经活生生的现实，阅读历史也就是从另一个角度观照现实。人们常说"以史为镜"，读历史，可以让我们从前人的成功与失败中获取经验，总结教训，跳出自身阅历的局限，增长为人处世的智慧。而读中国历史，更能让我们了解中国传统文化，提高文史修养和综合素质，尤其有益于语文学习。

这套《中国历史故事》取材于"二十四史"、《清史稿》、《资治通鉴》等中国古代最重要、最有价值和成就最高的史籍，故事个个有出处。与满篇"之乎者也"的文言文原著不同，它用通俗活泼的语言讲故事，在故事里介绍历史上的重要人物和事件，并配有彩色卡通插图，读起来妙趣横生，一点也不枯燥。

故事后面的"知识卡片"可以让小读者了解每个时代的科技、文学等独特成就，有的篇章还总结了与故事相关的名言名句和源于故事的成语典故，希望小读者可以了解更丰富的传统文化，积累语言素材。部分故事的最后还设置了"你怎么看"环节，鼓励大家读完故事后积极思考，勇敢表达自己的看法，从小培养独立思考的习惯，促进辩证思维和创造思维的发展。

让小读者领略中华民族悠久而动人的历史，了解我们的祖先曾经走过的路，并能从中有所收获，是我们策划这套书的初衷。一代代中国人，正是阅读着这些精彩篇章长大的，而中国文化也正是在历史的阅读中传承与绵延。期待小读者能喜欢上我们这套彩绘版的《中国历史故事》，并且收获多多。

中华书局编辑部

目 录

"皇帝"不是从来就有的

与众不同的称呼

"大王，您平定了六国，统一了四海，如此丰功伟绩，不能再用'大王'这个称呼了。"

"同意！大王应该有个更响亮的称呼。"

朝堂上，大家为了给大王起一个更合适的称呼争论起来。而坐在宝座上的，正是秦王嬴（yíng）政，他在战国七雄争霸中，战胜了六国，建立了统一的新王朝。这样一个新王朝，该怎么称呼大王呢？

李斯等大臣提议道："大王的功绩比三皇五帝还要伟大。古代有天皇、地皇、泰皇，臣等提议，从此改称大王为'泰皇'。大王从此也不再自称'本王'，而是自称为'朕（zhèn）'。"

嬴政满意地点了点头，说："'泰皇'这个称呼不错。不过，既然本王功绩堪比

皇帝？不错！

三皇五帝，那就把'泰'字去掉，留下'皇'，加上'帝'，组成'皇帝'，代替'大王'这个称呼。'朕'自此专属皇帝自称。"

嬴政忽然想起了什么，说："以前的大王都是驾崩之后，儿子为父亲追封谥号。朕是有史以来第一位皇帝，就叫'始皇帝'，本朝的后代就是二世、三世……把朕的秦王朝一代代传下去。"

"始皇帝万岁！万岁！！"大臣们纷纷跪下叩拜，参见我国历史上第一个皇帝——秦始皇。

麻烦事儿一件接一件

秦朝国土面积辽阔，东到东海、西到陇西、北到长城、南到南海，秦始皇要管理这样一个大国，可不是一件容易的事儿。举个例子吧，各地原来分属七个国家，车轮距离、文字、货币和度量衡等都不一样。比如秦始皇出游的时候，可能就会出现这样的场景：

"驾——驾——驾——"秦始皇正愉快地坐着马车巡游呢。

刚出皇宫时，行驶顺畅，秦始皇也能悠游自在地欣赏自己的领土。可走着走着，马车忽然颠簸起来，秦始皇左摇右晃。

"怎么回事？"秦始皇不满地掀开车帘，责问马夫。

"禀告陛下，前面的路是原来的鲁国修的，他们的马车两个轮子间宽度跟我们不一样，因此在马路上留下的车辙也跟我们不一样。我们的马车行驶在这样的路上，就会一侧轮子进了车辙，另一侧轮子在车辙外，所以会颠簸。"

秦始皇不高兴地说："都是马车，为什么轮子之间宽度还不一样？再往前是不是就好了？"

"前面是原先的齐国，他们车轮之间的宽度也跟我们不一样，所以还是……会颠簸……"

"胡闹！怎么就没有个统一的标准？"秦始皇气愤地说，"朕还想巡游我整个大秦国土呢，这还怎么巡游？！"

除了车轨不同外,当时各国使用的文字也都不太一样。现在国家统一了,文字还没统一,给百姓交流和国家管理造成了很大困扰。

比如,秦始皇在上朝时,大臣呈上新的奏折:

"陛下,这是赵地交来的奏折。"

"呈上来!""这写的是什么?朕一个字都看不懂。"

"赵地就是原来的赵国,使用的文字跟我们不一样,臣找个懂赵国文字的人给您读吧。还有,这是齐地、魏地和鲁地的奏折,您先看看?"

这些奏折上的文字秦始皇也看不懂,跟他所认识的秦国文字很不一样。秦始皇生气地扔掉奏折:"改,统统都改了!"

除了车轨和文字,当时的钱币和度量衡也不统一。比如,当时一个赵地人去秦地人那里买一升米,他们可能就会吵起来。

"老板,我要买一升米。"

"来，一升米，二两钱。"

"给你钱。"

"这是什么钱？我只收圆形方孔的钱。"

"这是布币啊，我们一直就用这个钱。等等，我要一升米，你这哪里是一升？完全不够啊。"

"这就是一升，我们这儿一直都是这样的。"

这些麻烦事儿，在刚建立的秦朝数不胜数。

车同轨，书同文

于是，在军事上统一六国后，秦始皇开始了一个国内制度和文化统一的历程，那就是车同轨、书同文、统一货币和度量衡。

车同轨。当时的马车轮子之间宽度从1.4米到2.4米的都有，秦始皇规定马车两个轮子之间的宽度固定为6尺，也就是今天的1.4米左右，这样路上的车辙也就一样了，马车行驶起来非常顺畅。秦始皇还下令从首都咸阳出发，修建通往全国各地的驰道。各地有什么动静，秦始皇都能第一时间派兵到达。秦始皇在位期间，用11年的时间巡游全国，浩浩荡荡地带着千余士兵，东到山东、南到湖南、西到甘肃、北到内蒙古，把这个大一统的国家看了个遍。

书同文。秦始皇下令各地废除原来六国使用的文字，统一使用小篆。国家发布诏令、各地递交奏折、文人们写文章，都必须用小篆。后来，秦朝还在小篆的基础上，发明了更易于书写的隶书，全国人民交流起来就更加方便了。

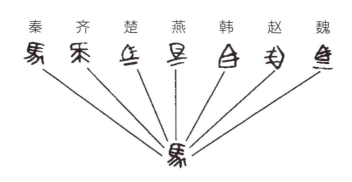

统一货币和度量衡。以前各国的货币有的像刀，有的像箭头，秦始皇下令把黄金作为最珍贵的货币，其次是半两钱，也就是方孔圆形的铜钱，这种钱制造起来简单，携带也方便，能用绳子穿起来，后世很多铜钱都用这种形式。至于度量衡，其实商鞅变法时，斗、米、权、衡、杖、尺、升等都统一了，比如1尺就约相当于今天的0.23米，1升就相当于今天的0.2公升。大一统的秦国建立后，秦始皇把这套标准推广到了整个国家。

由于担心百姓家里留有兵器会谋反，秦始皇还下令，让所有人把手里的兵器都交出来，刀剑、匕首、弓箭，一样都不能留。上交的这么多兵器怎么处理呢？秦始皇没发给士兵，而是在咸阳筑起了一个大火炉，把收上来的兵器都销毁了，炼出来的金属做成了大钟和十二个大铜人。这些铜人可重了，每个都有千石，也就是十二万斤左右，可以想象秦始皇收来了多少兵器！这十二个大铜人，全都竖立在秦始皇皇宫里，成了别具一格的风景。

这些举措为国家的发展奠定了基础。当然，秦始皇也有很多残忍的措施，比如焚书坑儒，把许多书都烧毁了，还活埋了很多读书人。可惜春秋战国时期百花齐放的思想文化在秦朝算是终结了。他还在全国推行严酷残忍的刑罚制度，比如连坐、肉刑等。总之，秦始皇的一生有功有过，他建立的大一统秦朝，是我们中华民族得以形成的基础。

（故事源自《史记》）

知识卡片

秦始皇的地下宫殿

坐落于陕西省西安市附近的秦始皇陵，就是埋葬秦始皇的地方。《史记》记载，秦始皇刚刚登上王位就开始在骊山修建自己的陵墓。统一天下后，他从全国找了七十多万人大兴土木，在地下陵墓中修建了豪华的宫殿，放入了各种珍奇的宝物，用水银做成江河湖海，为防止盗墓贼进入，还设计了很多机关。秦始皇陵陪葬坑出土的兵马俑被称为"世界第八大奇迹"。

你怎么看？

如果你生活在秦始皇的时代，会拥护"车同轨，书同文"等决策吗？你愿意放弃自己学习了很久的文字，重新学一种新文字吗？

蒙恬赶跑了匈奴人

匈奴人来了

"咚咚咚"，欢快的鼓声传来；"噗滋噗滋"，火红的篝火燃烧着。大家围着篝火跳起了舞，欢庆大丰收。旁边的谷仓堆放着一袋袋粮食，满得都快溢出来了。

忽然，一阵"哒哒哒"的马蹄声从远处传来。

"不好！"里长大喊，"快躲起来，匈奴人来了！"

大家一下子慌了，几个勇敢的百姓想保护粮食，里长高喊："先别管粮食了，人要紧！"

大家赶紧往家中跑去，紧紧关上门。只见一队匈奴兵骑着马，嚣张地进了村，看到谷仓里的粮食，抓起袋子扔在马背上就走。拿不走的，就点一把火，把粮食连同谷仓一起给烧了。大家从门缝里看着熊熊燃烧的谷仓，默默流泪。

在内蒙古、宁夏和陕西交界处，南边是秦国的领地，百姓过着日出而作、日落而息的农耕生活，北边是匈奴人的领地，他们以放牧为生，逐水草而居，没有固定

的居所。匈奴人从小就会射箭，成年男子骑上马就能作战，身手矫捷，打得过就往前冲，打不过就往后撤。战国时，北边的国家都下了很大力气来抵抗匈奴，秦朝统一六国时，一时没顾上匈奴人，匈奴的单于头曼便率领匈奴部落又开始南下了。

"报告陛下，匈奴又抢走了我们的粮食，烧毁了村庄。"

这样的消息几次传到朝廷，秦始皇越来越愤怒，但秦国刚建立，诸事繁忙，一直也没顾得上。而让秦始皇下定决心赶走匈奴的是在一次北巡期间，一个叫卢生的燕地人进献了一本据说是民间流传的图书。秦始皇很迷信，翻开这本书，上面赫然写着五个字："亡秦者胡也。"

"荒唐！"秦始皇把书狠狠地摔到地上，"小小的匈奴居然能灭秦国？我倒要让他们知道我大秦国铁骑的厉害！"

弩(nǔ)机显威力

"陛下，臣请命带兵攻打匈奴，定能让匈奴退居千里之外。"

这位主动请缨的大臣就是蒙恬，他曾在灭六国时带兵打败了齐国，是秦国的大将军。

"准奏！"秦始皇一挥手，继续说道，"朕给你三十万兵马，打败匈奴，立我大秦国威。"

"消灭匈奴，立我国威！消灭匈奴，立我国威！"

蒙恬率领三十万兵马，从上郡（今陕西榆林）浩浩荡荡出发了。可一两次作战后，士兵们就发现，匈奴也没那么好

对付。虽说秦国的骑兵和步兵都是在打败六国中训练出来的一等一的队伍，但匈奴的骑兵非常剽悍，他们在马背上长大，从小骑马射箭，简直和马、弓箭合为了一体。

"怎么办？该如何对付匈奴这样的骑兵连呢？"蒙恬将军想啊想，终于想出了一个绝妙的对策。

第二天，匈奴单于头曼亲自带兵，要跟蒙恬决一死战："我的骑兵是一顶一的，一定能打得蒙恬落花流水，灰溜溜回老家！"

但让匈奴人意料不到的是，迎面来的不是秦朝的步兵，也不是骑兵，而是一辆辆整齐的战车。这是什么套路？匈奴人从未见过这种打法。

"嗖嗖嗖"，还没等匈奴人反应过来，一支支长箭接连不断地射了过来，就跟草原上的大蝗虫一样密密麻麻。匈奴的骑兵根本无法躲藏，前面的士兵纷纷被射落地，马儿也倒地而亡。

这一波箭雨刚过，下一波箭雨紧跟着就又来了，根

本没有给匈奴人喘息的机会。

原来蒙恬用战车开路，搭载弩机，能同时发射出许多箭，让敌人无法抵挡。

"啊——"

"啊——"

匈奴人善于射箭，但遇到这样攻击力强劲的箭雨，一下都崩溃了。

"冲啊！"蒙恬的主力部队冲了上来，对着匈奴人一阵厮杀。面对如此强健的兵马，匈奴人早已溃不成军，一路往北逃去。

"追！"蒙恬下令。

匈奴骑兵跑得很快，一路向北狂奔。最终，秦国收复了河套地区。

秦始皇龙颜大悦："设置郡县，让老百姓搬到那里住下。蒙将军扬我国威，扩我大秦领土，重重有赏。"

秦朝沿着内蒙古乌加河设置了四十个县，但匈奴人还是会时不时过来侵犯。于是，蒙恬又一次出征，势如破竹，渡过乌加河，打败了匈奴人。

修长城，抵匈奴

为了保卫秦朝的北方边境，蒙恬一直在这里守卫着，边境地区暂时算是安宁下来了。匈奴人只要听到蒙恬的名字，就会双腿发抖：

"那个叫蒙恬的将军太厉害了，他只要活着，我们就不能去南边放牧。"

"是呀，他的队伍在，我的士兵即使心里想着要报仇，却不敢拉开弓箭啊。"

"可是，"蒙恬想，"我们也不能一直在这里守着啊，得想个长久之计。"

想啊想，蒙恬有了个主意。匈奴多是骑兵，马儿要跨越阻挡很不容易，更别说翻越城墙了。如果修上长长的城墙，那不就能挡住匈奴的骑兵了吗？其实，早在战国时期，北方的燕、赵、秦等国家都已经修筑长城了，但这些长城都是各国守着各国的领土，并不相连，再加上年久失修，匈奴骑兵会从长城坍

名言名句 胡人不敢南下而牧马，士不敢弯弓而报怨。（〔汉〕贾谊《过秦论》）

塌之处突破进来。

蒙恬把这个想法上奏给了秦始皇，秦始皇很快就同意了。蒙恬立即开始行动：征召民工，修建长城，抵抗匈奴。从各地征召而来的民工在崇山峻岭之间，修窑烧砖，把一块块青砖砌成长长的城墙。十几年的时间，蒙恬带着大家修建了一条巨大的长城，西起临洮（今甘肃岷县）、东至鸭绿江，就像一条长长的巨龙，守护着北方的边境安全。

蒙恬下令，在长城各个段落上派士兵轮流执守，一旦发现匈奴人过来，就在烽火台燃起火，烧出长长的烟，放出警报信号。因为这些烟大多是狼粪烧出来的，所以也叫狼烟。军营里的士兵看到狼烟，立刻出兵，抵抗匈奴。

蒙恬一直在北方边境镇守了十几年。北方之地苦寒，但是当他路过村庄的时候，时常会看到下面这一幕：

"大晚上了，你这孩子还在外面玩，小心匈奴人来把你抓走了！走，赶紧回去！"

"爹，你总说匈奴，我都七岁了，从没见过匈奴人。"

"嗨，你是不知道，以前匈奴人会来村里抢粮食，抢小孩，还一把火把村子给烧了。"

"那现在匈奴人怎么不来了呢？"

"这都得多亏蒙大将军，还有他修建的长城。有了长城，匈奴人就只能在长城北边，不敢过来了。"

（故事源自《史记》）

知识卡片

毛笔是蒙恬发明的吗？

民间一直认为，蒙恬是毛笔的发明者。据说蒙恬驻守边疆时，当时还是用刀刻竹简或木简的办法来写字，报告军情很慢。蒙恬无意之间发现，将兔毛装在竹管上，蘸着墨来写字，速度一下子加快了，于是推广使用。这种兔毛竹管的笔就是毛笔。

但考古发现，毛笔在秦代之前的墓穴里就有了。在已经发现的甲骨文文物中，也能看见毛笔蘸墨写下的字迹。所以，蒙恬可能不是毛笔的发明者，而是毛笔的改良者。

你怎么看？

如果不用长城，你还能帮蒙恬将军想出什么好办法来抵抗匈奴？

好险！秦始皇差点儿被大铁锤砸中

巡游路上的惊险

一支大型车队正行进在博浪沙（位于今河南原阳）的路上，挂着大大的"秦"字旌旗。高头大马的护卫军护送车队威风凛凛地驶过，中间是几十辆豪华无比的黑色马车。

人们纷纷好奇地过来围观：

"这么多辆豪华马车，哪辆车里坐的是陛下啊？"

"陛下坐的都是六驾马车，可是这里面没有六驾马车啊。"

"那应该就是最豪华的那辆马车吧？"

此时，秦始皇正坐在车里欣赏着外面的大好河山。统一六国、建立秦朝后，秦始皇一直在各地巡视。他一方面想让六朝的旧贵族看看自己的威风，不要再妄生复国的念头。另一方面，秦始皇到处祭祀神灵，把自己的功德刻在四方的石头上，好让万世都记住自己的功勋。

正当秦始皇陶醉于自己的万世功德时，忽然，一声巨响传来，马车也"咔嚓"一下停住了，外面是混乱的叫喊声，还有马儿惊慌的嘶鸣声。

侍卫们一下围在了车左右："保护陛下！有刺客！"

秦始皇掀开车帘，才发现前面那辆车已经被一个大铁锤砸得稀巴烂了。他暗自庆幸，得亏自己经常换车，别人不知道自己坐的是哪辆车，才逃过了这次劫难。

"怎么回事？"秦始皇怒气冲冲地问，"谁这么大胆？"

侍卫赶紧报告："陛下，有个刺客扔了一个大铁锤，意欲行刺陛下，幸好没有伤及陛下，我们已经去追了，保证活捉刺客。"

那几日，博浪沙到处都在议论这件事：

"那个大铁锤，起码得有上百斤！"

"能扔得动这么大铁锤的，肯定是个大力士，到底会是谁呢？"

侍卫和当地官府四处捉拿这个大力士和背后指使的人，可人早已经逃走了，根本无从捉起。

行刺的幕后主使是谁呢？原来是一名姬姓的公子，他本是韩国相国姬平的儿子，韩国被灭，本就心里不舒服，再看到秦始皇使用残酷的刑罚杀害民众和贵族，决心要光复韩国，于是变卖家产，到处寻找能人异士刺杀秦始皇。

这次，他好不容易找来一个大力士，却没想到秦始皇如此狡猾，刺杀行动失败。为了躲避追捕，他改名换姓，叫作张良，又叫张子房，一直逃到下邳（pī）（今江苏邳州一带），想先躲过风声，保全自己性命再说。

奇怪的老人家

那天，张良独自散步，心里十分苦闷。他走到桥上，看到一个穿着粗布衣服的老人家，头发都花白了。老人家也很奇怪，故意走到张良的跟前，把鞋子扔到桥下，大摇大摆地对张良说："去，小子，把鞋给我捡上来！"

"啊，叫我吗？"张良被这么一使唤，正想发火。但看老人一脸花白胡子，心想："唉，算了，不要跟他一般见识。"

于是，忍着心里的不满，张良把老人的鞋子取了回来："给您鞋子。"

"给我穿上。"老人坐在桥边，跷着脚，一副理所当然的样子。

"唉，好人做到底吧！"张良心想。于是，他双膝跪下，恭恭敬敬地给老人穿上鞋。

老人穿上鞋，一句"谢谢"也没说就走了。张良稀里糊涂的，心想："这是哪

一出啊?"他呆在原地,目送着老人离开。

没想到过了一会儿,老人又回来了,看到张良还在站在原地,笑眯眯地说:"你这小子,不错,是个可以教导的材料。这样,五天之后天蒙蒙亮的时候,我们在这里见面,我来教你本事。"

张良觉得自己遇到奇人了,心中大喜,连忙答应着:"好的,我一定准时赶到。"

这五天的时间,张良等得很心焦:"不知道老人家会教我什么呢?会教我武功吗?会教我带兵打仗吗?会教我刺杀秦始皇、光复韩国的办法吗?"

第五天,天刚蒙蒙亮,张良就赶紧起床穿衣服,赶到了桥上。可他到桥上时,老人已经在桥头坐着了。

"对不起,老人家,我来晚了。"张良赶紧作揖道歉。

老人很生气,怒气冲冲地说:"跟老人家有约定,却在老人家之后来,这是什么道理?"

"哼!"老人拂袖而去,临走时,头也不回地留下一句话:"过五天,再在这里见面!"

"好的,我一定不会迟到了。"张良赶紧低头答应。

又到了第五天的早上,张良听到外面的公鸡一叫,就赶紧穿上衣服往桥上跑。谁知老人又已经到了,靠着桥栏杆,气得白胡子都翘了起来:"哼,怎么又迟到了?"

"我……我……我……"张良不知道怎么解释。

"五天后再来吧!"扔下这句话,老人又生气地走了。

老人家给了一部兵书

张良回去后寝食难安。第四天晚上,他躺在床上怎么都睡不着,干脆半夜还没到,就跑到桥上去了。

果然,桥上一个人都没有。张良也不敢走,就在冷冷的月亮下等着。没等一会儿,老人就出现了。

"老人家,您好。"张良赶紧上前跟老人打招呼。

"不错嘛,年轻人就应该这样!"说着,老人拿出了一部书,郑重其事地放在

张良手中，说："好好研读这部书，读完了就可以做帝王的老师了。十年以后你就会发迹；十三年后到济北见我，谷城山下的黄石就是我。"

"谢谢您，我一定认真研读，将来好好报答您。"张良连忙感谢。

老人家挥了挥手，转过身，一句话不说就走了。

第二天一早，张良拿出那部书仔细看了起来，原来是奇书《太公兵法》。张良不眠不休，仔细研读这本兵书。慢慢地，他明白了：自己找大力士扔大铁锤砸秦始皇的办法太鲁莽了，因为一个秦朝皇帝倒下了，另一个秦朝皇帝马上就会继承他严酷的统治，必须使用策略和兵法，才能灭掉秦国。

多年后，张良成了刘邦的谋士，帮刘邦灭了秦国，被刘邦称赞是"运筹策帷帐之中，决胜于千里之外"的不可多得的人才。当然，这都是以后的事情了。

张良的这个大铁锤并没有挡住秦始皇巡游的脚步，秦始皇继续巡游：往西到达了甘肃陇西，往东到达了山东的泰山以及海边的琅琊（láng yá）和之罘（fú）

（今山东烟台市北）岛，往南到达了江苏的徐州，往北到达了雁门郡。秦始皇巡游，一直到他生命的最后一刻。

（故事源自《史记》）

泰山刻石

公元前119年，秦始皇巡游来到泰山，在泰山举行了隆重的祭天仪式，弘扬自己威震四海的功名。相传丞相李斯在石头上刻下了字，以歌颂秦始皇的威名。李斯所刻下的字体为小篆，这是秦国统一之后所用的字体。李斯是丞相，也是当时著名的书法家，他所写的小篆是后世学习小篆字体的范本。

你怎么看？

老人家为什么几次三番"刁难"张良？

伪造诏书，秦二世登基

秦始皇驾崩，消息被隐瞒

"唉，这几天陛下都没怎么吃饭，端进去的饭总是吃两口就端出来了。"

"是啊，陛下这几天都蔫蔫儿的，总在睡觉。"

两个近身侍候秦始皇的宦官正在议论。秦始皇东巡已经半年多了，到了沙丘（今河北邢台市广宗境内），也不知道是水土不服还是舟车劳顿，忽然就病倒了。

"咳咳！"中书令赵高和丞相李斯从始皇帝的车里出来，瞪着两个宦官，生气地说："陛下金体安康，岂容你们议论？再敢嚼舌头，小心你们的脑袋！"

"是！小人再也不敢了！"两个宦官吓得赶忙跪下。

"还有……"赵高嘱咐着，"陛下有任何情况，第一时间向我们禀报。"

其实，赵高和李斯已经有不好的预感了。刚才秦始皇叫他们到车里，已经开始交代身后事了。

秦始皇有许多孩子，这次出门小儿子胡亥请求随行，秦始皇就把他带上了。但秦始皇最喜欢的是大儿子扶苏，他把扶苏派去北部边境锻炼，和大将军蒙恬一起抗击匈奴、修筑长城，希望扶苏能建立军功，将来继承自己的皇位，开拓秦朝疆土。

刚刚，秦始皇就吩咐赵高和李斯："朕怕是不能活着回到咸阳了。你们速速拟一封信，叫扶苏回咸阳主持丧事。"

赵高赶忙安慰秦始皇："不会的，陛下，您身体安康，只是感染些风寒，吃了药很快就能好的。"

李斯也说："我们再找能人异士出海，去蓬莱仙境找长生不老药，陛下必能统治秦王朝万年。"

"速速去吧！"秦始皇连说话的力气都没了。

从车里出来后，李斯和赵高虽然不情愿，还是按秦始皇的意思拟了信，拿玉玺盖上了章。

可还没等他们把信送出去，两名宦官着急忙慌跑了过来。

"怎么了？"

宦官把嘴巴凑到赵高和李斯耳边，悄声说："陛下驾崩了。"

"啊？！"李斯和赵高也慌了，信都掉到了地上。赵高吩咐宦官："快！去把小公子请过来。"

小公子胡亥来了。他听到父皇去世的消息既难过又慌张，得知父皇要把大哥扶苏叫来主持丧事，这就意味着秦始皇要传位给扶苏，便更着急了："师父、李丞相，现在该怎么办？"

赵高不想看到扶苏继位，因为他过去和大将军蒙恬的家族有过节，如果扶苏当了皇帝，辅佐他的蒙氏家族肯定居高位，自己也就完了。李斯呢，本是个见机行事的人，他知道，如果扶苏上位，蒙氏家族当权，自己也只能回老家去。如今，他俩唯一的选择就是扶持小公子胡亥。

赵高说："如果陛下驾崩的消息传回京城，必然引起京师混乱、朝廷恐慌，这对咱们非常不利。这样，咱们先隐瞒陛下去世的消息，回到京城再说。"

于是，秦始皇的遗体依然放在车里，赵高和李斯找了几个最信任的宦官侍候着，假装秦始皇还活着。厨师每天送去饭菜，百官在车外禀报大小政事，宦官在车里假装奉秦始皇的旨意，给予批复。大家都以为秦始皇只是身体不适，但仍然健在。车队朝咸阳急速行驶着。

伪造诏书，胡亥登基

赵高和李斯也在密谋胡亥登基的事了。他们先是毁掉秦始皇给扶苏的诏书，再另外伪造一封诏书，派人速速送去北部军营。诏书以秦始皇的名义，列举了扶苏和蒙恬的许多罪状，说扶苏在外怨恨父皇，大为不孝，蒙恬和他的同党为臣不忠，命令他们自尽。扶苏收到信，长长地叹了一口气："唉，没想到我一直谨慎办事，父皇会这样责怪我。但既然是父皇的旨意，不可不从。"说着，扶苏拿起旁边的宝剑，"唰"的一下就割喉自尽了。

而后呢，李斯和赵高伪造了一封诏书，将王位传给小皇子胡亥。

"好了！"赵高得意地说，"这下就妥了。小皇子，到了咸阳，您就是皇帝了。"

李斯谄媚地说："恭喜陛下，我们对您忠心耿耿，将来可别忘了我们。"

"那是自然，我当了皇帝，两位就是我最重要的大臣。"胡亥满意地应着。

"什么味道？"

原来天气炎热，秦始皇的尸体已经发臭了。

没办法，赵高只好命人装了一车的腌鱼，用腌鱼的味道来掩盖尸体散发的臭味。就这样，一支装着腌鱼的车队回到了咸阳。

到了咸阳，终于可以公布秦始皇驾崩的消息了。此时扶苏已经自尽，胡亥又有"诏书"，就顺利地登了基，成了皇帝。他就是秦二世。

　　可是，除了扶苏，秦二世还有几个兄弟，皇子、贵族和大臣们不知道从哪儿知道了胡亥在路上隐瞒秦始皇死讯又伪造遗诏的事情，一直议论纷纷。

　　"师父，怎么才能申明法令？"胡亥把师父赵高叫来商量。

　　赵高素来是个心狠手辣之人，对秦二世说："陛下，成就霸业，哪能心慈手软？他们竟然敢议论陛下，那就一个都不能放过。"于是，胡亥登基不久，就把几位皇兄弟、贵族，还有朝中对自己有意见的老臣，统统杀了。

　　秦二世继承了秦始皇的残酷刑法和严酷统治。

　　赵高的权力也越来越大，他向秦二世建议："陛下，先皇在世的时间长，所以大臣们都不敢胡说八道，您登基的时间短，大臣们经常提出歪理邪说，扰乱您的想法，陛下千万不要听他们的意见。"

　　就这样，秦二世慢慢地就很少在朝上和大臣们商量政事，许多国家大事都只跟赵高私自商定后就直接颁布了。

　　名言名句　　近代平一天下、拓定边方者，惟秦皇、汉武。（〔唐〕李世民）

逼迫民众修阿房宫

秦二世不但残暴，还喜欢享乐。秦始皇修建了一半的阿房宫，秦二世下令要继续修建起来，还要在里面种上奇花异草，放上黄金、玉石、珊瑚这些珍贵的装饰，再在里面养上孔雀、鹿、老虎这些珍禽异兽，他要把阿房宫建成一个享乐的天堂。

修建阿房宫可是一项耗费巨大的工程。秦始皇为修骊山陵墓就征调了几十万民工，现在又要征调几十万人来修阿房宫，百姓怨声载道。

各个郡县的官吏到处抓人送到咸阳去服徭役，可是百姓本就苦不堪言，谁又愿意去呢？在各地，经常会有这样的场景：

"大人，您行行好，我家里老老小小，这么多张嘴还等着吃的呢。"

"别废话，现在就走！还有，咸阳城粮食紧张，你要自备粮食，把这几个月的口粮都带上。"

"啊，还要自带口粮？大人，您看我家的粮袋，就剩这最后半袋粮了，吃不上

多久啊。再说，我带走了，我们家老小怎么办呢？"

"住口！"小吏的鞭子已经扬了上来，"再说我抽死你，这是陛下的旨意，你敢违抗？小心你的脑袋。"

秦二世的严酷，比秦始皇有过之而无不及，人们在这样的高压下生活，正酝酿着一场反抗的风暴。

（故事源自《史记》）

知 识 卡 片

秦代的砖块和瓦当

我们常用"秦砖汉瓦"称赞秦代和汉代的砖瓦制造技艺达到了很高的水准。秦代的砖块被称为铅砖，"敲之有声，断之无孔"，砖上经常装饰有米格、太阳等纹饰，画有游猎和宴客的图案。

秦代瓦当也体现了高超的艺术水准。瓦当是古代建筑瓦端下垂的部分，秦代出土的瓦当表现出朴实浑拙的风格，绘有很多秦人独创的花纹，比如云纹、叶纹、夔纹、龙纹、凤纹、几何纹等，以及鸟、鹿、獾等动物图案。

你怎么看？

你认为扶苏做对了吗？

大暴雨后的动乱

雨中密谋

哗啦啦——哗啦啦——

大暴雨还在下着，没有停的意思，而且已经连续下了好几天了。

"这雨怎么还不停？我们怎么赶路啊？"

"唉，还赶什么路？前面的路已经被洪水冲没了。"

这些人是去渔阳（今北京怀柔附近）服徭役的，一共有九百多个，都被困在大泽乡（今安徽宿州附近）了。陈胜和吴广是这支队伍的屯长。秦朝法律严苛，服徭役如果误了期限，是要被杀头的。而现在，这些人早已误期了。

看着眼前的大洪水和怎么都不停的倾盆大雨，陈胜和吴广深深地叹了口气。

吴广自言自语道："这该怎么办？"

陈胜似乎早在谋划了，借着哗啦啦的雨声，小声对吴广说："大家都在抱怨

呢。要我说，秦二世是小儿子，本来就不应该当皇帝。听说，公子扶苏在外面带兵打仗，是被人陷害死的；还有楚国的大将项燕，楚国人都喜欢他。我们不如借着他们的名义，来成就一番大事。"

"对！横竖都是死，起事了反而有可能活着，大家肯定会响应的。"吴广也表示赞同。

于是，他们隐晦地去问算命的人："先生，我们接下来要做一件大事，能成功吗？"

算命的人摇了摇算卦的竹筒，说："你们的事情可以成功。"

鱼肚子里藏着信，狐狸会说话

那天下午，厨师抓了一条大鱼来。

"今晚有新鲜的大鲤鱼哦。"胖厨师正在剖鱼肚呢。

大家打趣说："再不到渔阳，我们也要跟这条鱼一样，被宰了。"

"被宰之前也要吃顿好的。"厨师一边收拾鱼一边说。忽然他发现鱼肚子里好像有什么东西，拿出来一看，原来是一封信。

"鱼肚子里怎么会有信？"

大家都好奇地围过来看。信打开，上面用丹砂写着三个大字"陈胜王"。

"啊，陈胜要当王吗？"

"这是上天的意思吗？"

大家议论纷纷，吃饭的时候议论，挤在茅草堆里睡觉时还在议论，兴奋得睡不着。

忽然，树林里传来凄厉的声音。

"什么声音？"

"像是狐狸的叫声。嘘——狐狸怎么好像在说话？"

"瞎说，狐狸怎么会说话呢？"

大家竖起耳朵仔细听，狐狸真的在说人话，而且说话声越来越清楚："大楚将兴，陈胜为王。"

"什么？楚国要兴盛了，陈胜要当王。陈胜，不就是我们的屯长吗？"

"今天从鱼肚子发现的那封信，也是这个意思。"

那天晚上，大家都没睡好。第二天一早，人们纷纷指着陈胜，或用眼睛示意：看，就是他——陈胜。

吴广悄悄地对陈胜说："时机到了。"

奋起反抗

那天晚上，押送他们的将尉喝醉了，吴广也假装喝醉了，胡言乱语起来："到了也是个死，不如大家散伙得了，各回各家。"

将尉听了很生气："胡说，你们逃跑了我怎么办，要我自己去死吗？小心我抽你。"

"你抽呀，看你敢不敢！"

　　说着，将尉真拿起了竹板，啪啪啪地追着吴广打了起来。吴广赶紧跑，还打趣道："追不着。"将尉本来就爱耍酒疯，一怒之下，拔出了剑："我杀了你！"

　　吴广一把抢过将尉的剑，咔嚓一下，把将尉杀了。

　　"我来帮你！"陈胜抢过剑，把另外一个将尉也杀了。

　　大家在旁边看得目瞪口呆。陈胜站在高处，大声说："兄弟们，我们遇到大雨，早就误了期限，去了也是要杀头的。就算不杀头，到了渔阳，十个人也要死掉六七个。男子汉大丈夫，不死也就罢了，要死就要光荣地死。你们说，那些王侯将相，难道是天生的吗？"

　　大家听了都很振奋，高呼着："男子汉大丈夫，要死也要光荣地死！"

名言名句 　王侯将相，宁有种乎？（〔秦〕陈胜）

高高的台子搭起来了，大家都露出右臂作为标志，假装是公子扶苏和项燕的队伍。陈胜站在高台上，自封为将军。大家呼喊着口号："大楚兴，陈胜王！大楚兴，陈胜王！"

没多久，陈胜吴广的队伍就占领了许多城池，百姓受秦朝的严酷统治太久了，听说他们来了，都很期盼。

"唉，这日子过不下去了，不反抗也要死，不如跟陈胜干吧。"

于是，陈胜的队伍到达的很多地方，根本不用发兵，当地百姓已经攻占了县衙，杀死了县官，打开城门，就等着陈胜来呢。

"没想到大家这么欢迎我们。"陈胜站在城楼上说，"这么多年，大家都过得很辛苦。我们一定会让大家过上好日子的！有得吃，有得穿，再也不用去服那么多徭役。"

"好！"大家都欢呼起来，高喊着口号："大楚兴，陈胜王！大楚兴，陈胜王！"

起义军被打败

与此同时，秦二世还整天在宫里玩乐呢。各地传来的起义的消息都被赵高压下去了："哪里来的谣言？都拖下去，斩了！"各地再也不敢报了，只说："强盗小偷的确有几个，都还能应付。"一直等到各地的队伍都冒出来，秦二世才反应过来，派将军章邯（hán）去应对。

陈胜队伍里大多是吃不起饭的百姓，却也混进了一些六国的旧贵族政客。他们的国家亡了，在秦朝统治下忍辱负重生活了多年，现在天下一乱，也想趁机恢复自己的旧政权。

"陈胜是楚国人，要恢复楚国，我们是赵国人，要恢复的当然是赵国。"

"我们是韩国人，我们要恢复韩国。"

"我们要恢复光辉璀璨的魏国。"

陈胜开始没在意这些，只要是反对秦国的人都欢迎加入。他的队伍也越来越庞大，从三千人到几万人。起初，大家还想着去攻打咸阳城，杀了秦二世。可是，这些人慢慢地就不听陈胜指挥了，他们开始自称为赵王、魏王、齐王、燕王、韩王，再加上陈胜这个王，短短三个月内，就已经有六个王了。章邯这一打来，大家都守着自己的一亩三分地，开始了窝里反。

陈胜听到的都是这样的消息："陈王，怎么办？章邯来打赵王了。您下令齐王去帮赵王，可齐王根本不听啊。"

除了外面这些控制不了的王，陈胜军队内部的管理也很混乱。陈胜过去那些乡下的亲戚朋友听说陈胜当王了，一下子都过来投奔他。

他们看到那些璀璨的珊瑚、精致的家具，再看看陈胜穿的绸布衣服，都羡慕得不行："胜哥，你可真阔气呀。"

"我还记得当年你说的'燕雀安知鸿鹄之志哉'。果然，你是鸿鹄，飞得比我们

高多了。"

"对，你还说'苟富贵，无相忘'呢，千万不要忘了我们这些穷朋友呀。"

"放心——没问题！"陈胜心里也十分得意。

这样管理混乱的队伍，自然比不过章邯的队伍。章邯一来，一下子就把陈胜的队伍打得七零八落，吴广也在战乱中死了。而陈胜呢，一代农民起义英雄，被章邯逼得节节败退，最后，居然被自己的车夫给杀害了。

就这样，陈胜吴广起义落幕了，但这次起义拉开了反对秦王朝的序幕。秦王朝高压锅一样的统治，被这次起义掀开了盖儿。后续刘邦、项羽等一支支队伍登上了历史舞台，最终推翻了秦朝的统治。

（故事源自《史记》）

知识卡片

秦代的官制

　　秦代实行中央集权的官制，中央设三公九卿，三公为丞相、太尉、御史大夫，九卿为奉常、郎中令、卫尉、宗正、太仆、廷尉、典客、理粟内史、少府。而在地方，设立一级级的管理制度，从上到下依次为郡级、县级、乡级、亭级、里级、什伍级，后面我们要说的刘邦就是亭长。陈胜、吴广担任的屯长并不是一个正式的官职，只是临时委任管理服徭役的人的组长而已。

你怎么看？

你觉得鱼肚子里的信是哪来的？你相信狐狸会说话吗？

项羽造了郡守大人的反

我可以取代他

"看，骑在高头大马上的就是陛下吧？"

"这排场，多气派，多威风啊！"

当年秦始皇巡游的队伍浩浩荡荡经过浙江会稽的时候，围观的人们都拜服于始皇帝的威严之下。人群中有个身高八尺、目生重瞳的年轻人，想法却不一样。他看着秦始皇，不屑地说："有什么了不起？我也可以取代他。"

"别胡说！"旁边一位长辈赶紧捂住了他的嘴，"让人听见是要诛九族的。"

这个年轻人就是项羽，捂住他嘴的是他的叔父项梁。项氏家族原来是楚国的将军家族，项羽的父亲很早就被秦国大将杀害了，他从小跟着叔父一起生活。

楚国被秦国灭亡后，项氏家族依然怀念着楚国，希望有朝一日恢复楚国政权。

项梁教项羽读书写字，书没读几本，字没写几个，项羽就把书和笔给扔了。

"我不想学了！"

文的不成，项梁就教他习武。项羽学习剑术，没想到，挥舞了没几天，把剑也扔到了一边。

项梁生气了："你这小子，怎么干什么都不能持之以恒？"

项羽昂着头："读书写字，只要会写自己的名字就行；剑术，只能打败一个人，这些都不值得学。我想要学能打败万人的本事。"

没想到侄儿志在于此，项梁心里暗喜："这是我们项家恢复昔日荣光的希望啊！"

果然，项羽长大后，才气非凡，远超一般人。力气很大，能举得起一个鼎。当地的年轻人都把项羽当作自己的偶像，围在项羽周围。

会稽起义

项梁在当地也很受人敬重，乡里有什么红白喜事，都会请项梁来主持。他也会趁机悄悄笼络当地各种势力，等待机会，一举成事。

项羽经常问项梁："叔父，大家现在苦不堪言，我们什么时候灭掉秦朝，恢复楚国？"

项梁说："再等等，时候没到。"

那年七月，陈胜和吴广在大泽乡发动了起义，消息很快传到了会稽，人心躁动。项羽天天和当地年轻人在院子里习武、研究兵法，急得一日三次催项梁："叔父，咱们哪天干一仗？我们这些年轻人都等不及了。"

项梁却总是说："侄儿，别着急，再等等。"

终于有一天，机会来了。

会稽的郡守殷通召唤项梁前去，说是有要事商量。项梁有预感，对项羽说："殷通虽然是秦朝的郡守，但是这次可能想自己立旗为王，叫我去商量造反的事情。"

项羽说："叫我们去辅助他吗？不行！我们项氏是楚国的大家族，要恢复楚国昔日荣光，我们必须自己当主事人。"

"说得好！"项梁拍了拍项羽的肩膀，侄儿已经比自己高出半个头，是个能担大事的小伙子了。他激动地说："我们要抓住这次机会，杀死殷通，起事为王！"

到了郡守府，项梁请侍卫向郡守殷通禀报。不一会儿，守卫请示回来，说："郡守大人有事跟您商量，但请您的侄儿在外面稍候。"

"不行，我要跟叔父一起进去。"项羽说着就要拔出腰间的长剑。

项梁按住项羽的手："胡闹，郡守大人还能害我不成？在这里等着！"

"哼！"项羽不服气地收起了剑。

果然，项梁一进屋，郡守殷通就开门见山地说："长江以西那些地方都起事了，你听说了吧？"

"嗯。"项梁问道，"您有什么打算吗？"

"这是上天要灭秦朝。都说先动手就能控制局面，后动手就要被人控制。"说到这儿，郡守停顿了一下，凑到项梁耳边，悄声说："我打算起兵反秦。会稽郡内，我最信任的人就是您和桓楚，如果能得到您二位的帮助，我将如鱼得水。不知您意下如何？"

项梁假装思索了一会儿，说："在下愿意跟随大人。只是，桓楚最近犯事了，正在逃亡呢。"

殷通显然还不知道这件事，问："逃亡？逃去哪儿了？桓楚为人勇猛，是个人才啊。"

"大人，桓楚的去向我也不清楚，但我侄儿项羽知道，能否让他进来，我们一起问问。"

"快，让贤侄进来。"

项羽得到传唤走了进来："见过郡守大人。"

殷通问："听说你知道桓楚的下落，他如今所在何处？"

一旁的项梁跟项羽使了个眼色，示意他可以行动了。项羽也一下子明白了，对郡守说："大人，可否借一步说话？"

殷通本以为项羽要说桓楚的下落，往前走了两步。谁知，项羽见殷通一凑

　　近，就"锵"的一声拔出了剑，"咔嚓"一下砍了郡守的头。门外的守卫听着里面动静不大对，赶紧推门进去，看到眼前一幕，吓呆了：

　　只见项羽手上提着郡守殷通的人头，身上挂着郡守的官印，到处都是血。

　　"拦我者死！"项羽大喝一声，挥剑砍了起来，守卫吓得直往后退。项羽边砍边往外走，大家看着满身是血的项羽，都不再敢上前。就这样，项羽一连杀了一百来人，保护项梁安全离开了郡守府。

　　这就是历史上的会稽起义。

　　会稽起义后，项梁的队伍迅速发展壮大，他们高喊着"楚虽三户，亡秦必楚"的口号，控制会稽各个郡县。许多年轻人加入了他们的队伍，项梁和项羽共得精兵八千人，被称为"江东子弟"。

　　后来，项梁和项羽的队伍势如破竹般占领了许多土地。他们还找到了楚怀王的孙子熊心。此时熊心才13岁，被找到时正在山坡上放羊呢。熊心被立为楚王，因为大家都怀念楚怀王，便把这个楚王也称为楚怀王。

可是，这个13岁的放羊少年能懂什么呀。于是，项梁和项羽控制着实际权力，他们一路向北，朝一代霸主的路出发了。

（故事源自《史记》）

知 识 卡 片

汉文化与楚文化联系紧密

　　汉朝文化和楚国文化有着紧密的联系。导致秦朝灭亡的三大起义军——陈胜、刘邦和项羽的军队都打着复兴楚国的旗号。项羽被围时，刘邦安排人在四面唱的歌就是楚歌，让士兵们起了思乡之意。刘邦建立汉朝后，衣锦还乡时唱的《大风歌》也是楚歌。汉朝文学的主要形式汉大赋，其飞扬恣肆的风格与楚国文学楚辞有类似之处。西汉宫廷中，主要的音乐形式也是楚声。

刘邦当上了县令

沼泽地里的白蛇

"要去骊山，必须穿过丰西这片沼泽。"

"可这里插着块木牌：'前方危险，进入者死！'"

"对，我刚听村民说了，进去的人就没有出来的。"

刘邦带着队伍经过丰西，要穿过前面的沼泽，看到这块木牌，大家都不敢往前走了。

刘邦本来是泗水（今江苏沛县）亭长，这次他接到上级的任务，带着一队服徭役的人去骊山修秦始皇陵。一路上十分艰苦，又累又饿，而且大家都知道，去骊山服徭役，十有八九都是死路一条。所以，时不时就有人逃跑了。经常是今天早上醒来，刘邦清点人数："一、二、三、四……九十七……咦，怎么比昨天少三个。"第二天，清点人数："一、二、三、四……九十二……怎么比昨天又少了五个。"到最后，几百人就剩下几十人了。

没想到现在又遇到了这样一片沼泽，穿过沼泽是死，不去骊山也是死。那晚，刘邦也很消沉，坐下来喝着闷酒。想起这一路大家的抱怨，到骊山被治罪的恐惧，还有眼前这个危险的沼泽，自己内心十分痛苦。

"算了，管他呢！"借着酒劲儿，刘邦把系在大家身上的绳子都解开了，说，"你们都走吧，我也不干了。"

"亭长！"十几名壮汉扑通跪倒在地，"我们也不知道以后能做什么，就让我们追随您吧。"

"好！"刘邦扫了一眼大家，说，"你们想走的就赶紧走，想留下来追随我的，咱们就是兄弟。来，喝酒！"

几杯酒下肚，刘邦的胆子更壮了，说："兄弟们，我们连死都不怕，一个沼泽有什么可怕的，大家想不想去看看？"

一个壮汉说："不如我先去看看沼泽里有什么。"

没过多久，探路的人就慌张地跑了回来，脸都吓白了："前面有一条大白蛇。我的妈呀，我一辈子都没见过这么大的白蛇……那蛇比这棵大松树还要长……就那么躺在沼泽中间，一口就吃掉了一条大鳄鱼……太吓人了。"

大家都犹豫了，询问道："亭长，要不咱还是……回去吧？"

刘邦醉醺醺地提起长剑，说："就一条蛇，有什么可怕的？看……看……我……的。"

说着，刘邦提剑进了沼泽，眼前的白蛇正嘶嘶嘶地吐着舌头。他"啊"的一声怒吼，趁着酒劲，挥起剑，对着白蛇的脖子就砍了下去。

"咔嚓——"白蛇被刘邦砍成了两截，倒在沼泽中。

追随刘邦的人都惊呆了。

刘邦也没觉得什么，还是醉醺醺地往前走，走了十几里路，终于走出了沼泽，一下子就倒在地上睡着了。

老奶奶的哭诉

睡醒时，一群人围了上来，对着刘邦大喊："赤帝之子！原来亭长您是赤帝之子啊！"

"这是怎么回事？"刘邦有些糊涂。他倒是一直被人说有福相，人们说他额头长有像龙一样的犄角，天生高贵，甚至有人因为他的面相，把女儿嫁给了他。但怎么一觉醒来就成了赤帝之子呢？

大家你一句我一句说了起来：

"您不是在沼泽里杀了一条白蛇吗？有几个人刚刚从您杀白蛇的地方过来，看到一位老太太，正跪在那里抱着砍成两段的白蛇哭呢。"

"那几个人问她，您哭什么呀？老太太说，我的儿子本来是白帝的儿子，变成一条白蛇住在沼泽里，谁知被赤帝的儿子杀了。"

"那些人本来还不信，想抓住老太太。谁知道手一伸，老太太'嗖'地就不见了。走出沼泽后，听说正是您杀死了白帝的儿子，那您不就是赤帝之子吗？"

"赤帝之子！赤帝之子！"大家欢呼着。

刘邦也很得意，说："看来这一切都是上天的安排。兄弟们，我们要好好干，肯定能干出一番大事业。"

就这样，刘邦在附近慢慢发展着自己的势力。周围的年轻人听说了刘邦砍白蛇的事情，都为刘邦的胆量和赤帝之子的传说所震惊，纷纷找来追随刘邦。刘邦的队伍越来越壮大，成了方圆百里一支有名的武装力量。

百姓开城门迎刘邦

没过多久，陈胜起义了，秦王朝一下子乱了起来。许多郡县的百姓都冲进官府，杀死了那些当官的。沛县的县令也害怕了，对他手下的谋士萧何和曹参说："被杀的县令越来越多，我每晚都睡不着。你们觉得，我要不要主动起事，响应陈胜？反正不管谁最后当王，我都是县令。"

萧何和曹参提议道："可是您现在还是秦朝的县令，起来反秦，怕百姓不会信服。不如看看外面有哪些流亡的队伍，让他们来召集大家，大家定会听从。附近有个叫刘邦的，听说他挥剑斩白蛇，还是赤帝之子，队伍也有几百人了。"

"好主意！快去！"

沛县县令命人即刻去找刘邦，而派去找刘邦的人正是樊哙（Fán kuài）。

"我们愿意前往！"刘邦听到樊哙带来的消息，也很高兴，就带着队伍来到沛县。

可是，到了城门前，不管怎么叫门，城门却紧闭着，根本就不开。

"开门啊，我刘邦带着队伍来了！"刘邦大喊。

城门仍然纹丝不动。

原来是沛县县令反悔了。他左思右想："万一刘邦进城后就把我杀了怎么办？万一大家都听刘邦的不听我的，怎么办？"他不想让刘邦进来，还想把知道消息的萧何和曹参给杀了。

得知县令要杀自己，萧何、曹参连夜翻过城墙去找刘邦，把县令反悔的消息告诉了他。

第二天，刘邦写了一封大大的帛书，用箭射到城墙上，上面写着："我们都被秦朝的统治害惨了。现在大家还在给秦朝守着沛城。但你们不知道，附近的诸侯都起事了，他们会很快打到沛城。大家想想，是宁愿坐等别人来屠杀全家，还是跟随我，一起来保护家人呢？"

看到帛书的百姓议论纷纷："是啊，我们守沛城，还不是给秦王朝守城？"

"万一真的有人来攻打城池，那就迟了！"

"快，赶紧撤下来！"县令赶紧找人撤帛书，可已经来不及了。刚一开县衙

的门，百姓都冲了进来。

"杀死县令，开门迎刘邦！"

百姓杀死了县令，打开了城门，迎接刘邦进来，请刘邦来做县令。

"我们都听说了，您是赤帝之子，由您来管理沛县，那是上天对我们的恩泽。"

于是，刘邦就成了沛县的县令，"沛公"也就成了刘邦的称呼。

第二天，县衙的院子里举行了热闹的祭祀仪式。高高的台子搭了起来，台子上飘着大大的旗子，一律都是红色的。

刘邦站在台上，将宰杀的牛羊献给神灵。人们在台下高喊："赤帝之子！赤帝之子！"

以沛县为据点，刘邦的势力迅速发展了起来。萧何、曹参、樊哙，后来都成了刘邦手下的得力干将，他们向四周占领了许多城池，成为反秦的一股重要势力。

(故事源自《史记》)

知识卡片

汉代的剑

汉朝的建立是从刘邦长剑斩白蛇开始的。到了汉朝，皇帝没有不佩剑的。男子成年后，也都会佩剑。汉代制铁技术发展起来后，慢慢从青铜剑过渡到铁剑，剑身也更加轻薄窄长，剑尖更加尖锐。汉剑还有装饰性的剑具，在海昏侯墓曾出土过青铜剑和豪华的玉剑具。

你怎么看？

百姓为什么不信任自己的县令而相信刘邦呢？

是鹿还是马？傻傻分不清

赵高诬陷李斯

"别跑！看你藏到哪儿？"

"来，陛下，喝酒呀。"

阿房宫里，秦二世正在和王妃宫女们纵情享乐呢。朝廷中的大小事情他都交给赵高处理。虽然四处反秦队伍风起云涌，赵高却报喜不报忧，对秦二世说："放心吧，陛下，一些小山贼而已。"

就在这时，外面传来了通报声："报——丞相李斯觐（jìn）见。"

"怎么现在来？"秦二世有些不高兴了。

李斯走进来，瞥见秦二世凌乱的衣服，假装没看见，一本正经地说："陛下，臣下有事启奏。"

秦二世阴沉着脸："有事朝堂上启奏去，也不看看什么场合？出去！"

李斯只好悻悻地走了。他暗自奇怪，赵高明明说皇上现在有空，可以去觐见的，还一个劲儿撺掇（cuān duo）他：李丞相的文采和口才都是我朝第一，当年的《谏逐客书》让先皇废除了驱逐列国门客的禁令，现在陛下不懂事，我们也都着急，但任谁说陛下都不听啊，也只有您能劝得动陛下了。

李斯不知道，这是赵高给他设下的圈套，故意挑皇帝衣衫不整的时候让他撞上去，给二世尴尬，让二世讨厌他呢。

果然，第二天秦二世就问赵高："李斯怎么这么没眼色，非要在朕休息的时候来觐见？"

赵高叹了口气，假装无奈地说："唉，当初沙丘的事，也就我们三人在场。李丞相一直觉得自己有功，可能是埋怨陛下没满足他的要求吧。"

"这李斯……真是给脸不要脸！"

"而且……"赵高故作神秘地说，"陛下，有件事，臣不知道该不该说？"

"有什么不能说？快说！"

"李丞相的儿子李由不是被派去镇压动乱了吗？但李由跟陈胜、吴广这些反贼其实是老乡，说是去平反，其实是给反贼当内应呢。"

"居然有这种事！"秦二世生气地说，"速速去查。"

就这样，李斯被下了监狱。赵高有意将李斯置于死地，这样朝中就没人能与自己抗衡了，于是下令："狠狠地打，直到招供为止。"

秦朝的刑罚手段本来就严酷无比，李斯遭受了非人的折磨。

"啊——啊——都说刑不上大夫，你们怎么如此对我一个丞相？"

"什么丞相？你现在不过是阶下囚。李斯，你到底招不招？不招接着打。"

李斯被打得体无完肤，只好屈打成招，狱卒们录了口供才暂时放过他。

夜深了，听着牢房角落里传来的老鼠吱吱的叫声，李斯感慨道："唉，想当初当丞相的时候多么风光，现在在监狱还不是跟老鼠一般。落到了这个地步，不如死了算了吧！"但回头一想："我李斯这么能言善辩，为秦国立过功，又无反叛之心，我一定要向皇帝上书，定能让陛下为我平反。"

于是，李斯洋洋洒洒地写了一封长信，托狱卒带给秦二世，希望他能派人来重新调查。

但是，这封信直接落到了赵高手里。

"哼，还想给陛下上书！"赵高看完信，就直接把它销毁了。

李斯在监狱里等啊等，盼着秦二世派人来重新调查，他能把自己的委屈全都说出来。可是，赵高早有安排。他跟自己的门客说："李斯希望陛下派人重新调查，你假扮成御史，说是陛下派来核实口供的。"

于是，这个"御史"假模假样地进了监狱，审问起李斯："李斯，你儿子私通陈胜，有还是没有？"

李斯以为秦二世收到了自己的上书，赶紧说："自然没有，御史大人，我和儿子对您赤胆忠心，可昭日月。"

"嗯？""御史"站了起来，"可你口供上明明承认了，你前后口供不一致，是不是在说谎？"

李斯泪流满面地说："那都是赵高指使人往死里打我，我不得不招啊。"

"那再给我打，狠狠地打！什么时候说真话，我再来。"

"啪！啪！啪！"刑棍一下一下，结结实实打在了李斯的身上。

第二天，门客扮演的谒者来了；第三天，门客扮演的侍中来了。李斯开始还抱着希望，反复诉说自己的冤屈，没想到换来的却是一顿顿毒打。李斯已经被打得奄奄一息了。

一天早上，又来了一位大人，对李斯说："陛下派我来核实你的口供。"

李斯不知道这位大人的确是秦二世派来的，这是他最后翻供的机会，可他已经被打怕了，无力地说："不用核实了，口供属实。"

于是，大人就回去向秦二世复命："报告陛下，李斯对自己的罪行供认不讳。"

秦二世叹了口气，对赵高说："李斯这个反贼，枉费朕对他的信任。偌大朝廷，谁都不可相信。师父，我只能相信你了。"

狡猾的赵高滴溜儿着小眼睛，说："陛下，臣永远对陛下忠心耿耿。"

就这样，李斯和他的儿子都被处死了。秦二世荒淫无度，朝廷完全处于赵高的控制下。赵高为了控制住朝廷的大臣，还上演了指鹿为马的可笑把戏。

指鹿为马

一次上朝时，赵高牵了一头鹿过来，鹿头上两个大大的犄角，就像是长长的树枝一样，身上还有漂亮的花纹。

赵高拜见秦二世，说："陛下，臣得到了一匹宝马，特来进献给陛下。"

秦二世笑了："哈哈，丞相，这是马吗？还是鹿？来，大家都凑近看看，到底是鹿还是马呢？"

大家纷纷向前，有的摸犄角，有的看花纹，有的看蹄子。

"禀告陛下，这的确就是一头鹿，您看这大大的犄角，马是不可能长犄角的。"

"是，陛下，还有这花纹，也都是鹿的花纹。"

故事里的成语　指鹿为马：指着鹿说是马。比喻颠倒是非。

"不，陛下，这就是一匹千里马。这犄角，这花纹，正说明丞相眼光独特，能够找到千里马。"

"很好，很好，对于这是鹿还是马，大家都能直抒己见，说出自己的看法。"赵高笑着说，"陛下您觉得呢？"

秦二世说："丞相忠心耿耿，说是马自然是马。来人呀，把这匹千里马带到上林苑，好生饲养。"

赵高用目光扫了一眼朝中大臣，刚才说是鹿的人，他都记下了。

第二天上朝，一切照常，就是那几位说是鹿的大臣没有来，他们都被赵高找理由处置了。

一个荒淫无度的皇帝，加上一个玩弄权力的奸臣，秦朝内部如此混乱，外部又面临着陈胜吴广、刘邦和项羽多支队伍的夹击，可谓是风雨飘摇了。

（故事源自《史记》）

秦朝就有乘法口诀表

"一一得一、一二得二⋯⋯"大家从小都会背的乘法口诀表，是从什么时候就有的呢？答案是2200年前的秦朝。2002年，在湖南龙土县里耶古城出土了许多秦代的木简，其中最著名的就是"九九表木牍"，木牍上的每个数字，连起来，就是一个乘法运算式。这是目前中国发现的最早、最完整的乘法口诀表。

你怎么看？

如果你是朝廷中的一位大臣，被赵高问到这是一匹马还是一头鹿，你会怎么回答呢？

项羽破釜沉舟打胜仗

为叔父报仇

"叔父，我一定要杀死章邯，为你报仇！"项羽扑在死去的项梁身上大哭起来。

项梁可是反秦队伍里的重要人物，怎么这么快就战死了呢？原来啊，自从反秦以来，项梁接连打了许多次胜仗，渐渐就骄傲了起来，不把秦军放在眼里。但没想到，这一次，就被秦国猛将章邯打败了，自己战死沙场。

项梁这一死，最伤心的就是项羽了。项羽从小父母双亡，一直是叔父将他养大，带他学本领，征战沙场，恩重如山。可现在叔父出师未捷身先死，项羽悲痛无比，复仇的火焰在他心里熊熊燃烧着。

此时的秦国已经四分五裂了，多个城池被六国旧贵族瓜分，齐国、赵国、韩国等各个诸侯国建立了起来，当然，还有项羽所在的楚国。章邯带兵在巨鹿围攻赵国的军队，赵王向各个诸侯国请求支援。听说要去打章邯，项羽忙向楚怀王请战："章邯杀我叔父之仇不共戴天，就让我带兵前去，打败章邯，灭了秦军。"

可楚怀王也听说了，项梁就是因为骄傲才被打败的。看着眼前愤怒的项羽，他知道，项羽比他叔父更血气方刚。他还听说了一件事：项梁和章邯交战时，项梁手下的将军宋义反而假托有事去了齐国。宋义在路上遇到了齐国来项军军营的大使，劝大使说："你先别去，项将军正和章邯交战。骄兵必败，你去了可能会丢了自己的性命。"果然，没过多久，项梁就败了，因此军中纷纷流传着宋将军未卜先知的传说。

于是，楚怀王宣布："秦军围攻赵国，我楚国不可坐视不管，现任命宋义为上将军，项羽为副将，率领大军去巨鹿救赵国。"

项羽心里不服，但为了替叔父报仇，也只能先这样了。

战鼓咚咚，旌旗飘扬，楚军浩浩荡荡地开往巨鹿，可在离巨鹿还有五百里远的时候，宋义就下令："停止行军，原地安营扎寨。"

"上将军，这是为何？"项羽质问宋义，"我们是去救赵国的，现在离巨鹿还远着呢，为何停止行军了？"

宋义轻蔑地说："你这毛躁小子，不懂谋略。目前秦军正在围困赵军，我们等他们打到两败俱伤时，再进去收拾残局，岂不是更好？再说，秦国有四十万大军，我们就几万，怎么打得过人家？"

"话虽如此，可楚怀王是让我们来救赵军的，难道我们就这么眼睁睁看着见死不救吗？"

"赵军死不死关我何事？鹬蚌相争，渔翁得利，还没到我渔翁出手的时候呢。"宋义转过身去，不再理会项羽。

没办法，项羽只好耐着性子一天天等着。可一等就是一个半月过去了，士兵们都着急了。

一天，项羽冲进宋义的军帐，劈头就问："上将军，我们到底还要等多久？"

"等赵军和秦军打起来的时候。"

"士兵们都等不下去了。"

"是你等不下去了吧？那也得等着。这么着急去章邯那里送脑袋吗？我看你们项家全是莽夫！"

听到此处，项羽这头狮子彻底发怒了："岂有此理！"只见他抽出宝剑，咔嚓一下就把宋义砍死了。

士兵们在军帐外听着里面有动静，却不敢进去。这时，只见项羽走了出来，满身是血，怒目而视，大喝一声："宋义违抗王令，我接怀王旨意，杀死宋义，执掌全军，打败章邯，灭掉暴秦。"

士兵们也巴不得赶紧开战呢，大呼："我等愿意跟随项将军，灭秦救赵，打败章邯！"

故事里的成语 破釜沉舟：把锅打破，把船凿沉，表示不再回来。比喻下定决心，做事不留退路。

巨鹿激战

楚军很快就到了巨鹿城外。项羽先派出两万人去断章邯的粮道。就在大家想着是不是要围困章邯等他断粮的时候，项羽却下达了战斗命令：渡过漳水，准备战斗。

清晨的漳水上起了薄薄的雾，还有些冷。项羽站在高台上，望着下面刚渡过漳水的大军，说："兄弟们，秦国暴虐，我们还能不能忍受下去？"

"不能！"台下的士兵都激动起来。

"我们现在就有这样一个机会，打败秦国的章邯，复兴楚国，你们说要不要？"

"要！"

"好！"项羽也激动地说，"楚虽三户，亡秦必楚！凯旋为国士，战死为国殇！上百年的血海深仇，今日我们要在这里，让他们血债血偿！"

"血海深仇，血债血偿！"

"为了表明灭秦的决心，我们要做两件事！"项羽说着便拿起一口做饭的大锅，在高台上咣当一声把它砸了，"我项羽只留三天的口粮，发誓三天之内，必灭秦军！"

接着，项羽又命人凿破自己的船。看着船一点点沉了下去，他高声大呼："我项羽发誓，如果不能灭掉秦军，我项羽也葬身于此！"

此情此景，士兵们的士气也一下高涨起来。他们拿起军中所有做饭的锅往地上砸下去，军营里全是乒乒乓乓砸锅的声音；砸完锅，士兵们又都去了河边，把所有停靠在岸边的船都凿出了洞，几百条船都沉到了漳河下：

"誓灭秦军，不灭不归！誓灭秦军，不灭不归！"

章邯本打算将人马分成九路，一路路将项羽引入包围之中，最后九路兵马一拥而上，全歼楚军。这九路兵马不简单，是大将王离带来的戍守长城的队伍，他们可是打败了匈奴的军队，英勇无比。凑巧的是，王离的爷爷王翦是秦国大将，当年就是王翦打败了项羽爷爷项燕的队伍，把项燕斩于马下。

但再英勇的兵马也敌不过此刻的楚军。他们不惧生死，一人能抵抗秦军十人，一个楚兵倒下了，另一个楚兵就迅速攻了上来。而在最前面的项羽，骑着宝马乌骓，挥舞着长剑，见人杀人，见马杀马，一人就撂翻了成百上千人。

秦军虽然有九路兵马，但不到三天就全部被项羽打败了。章邯见形势不对，早已经逃跑了，只留下王离出来迎战。

"来者何人？叫章邯出来！"项羽挥舞着长剑，厉声大喝。

"哈哈，对付你，我王离就足够了。当年你爷爷项燕就是我爷爷王翦的手下败将，这次，让你再领教一下我的厉害。"

"正好，今天我们要把我项家的仇、楚国的仇一块儿报了！"

"吼——"项羽举起长剑，一步步直冲王离的命脉。王离拼命抵挡，可没几个回合就招架不住了，他的战马也被项羽的乌骓（zhuī）马吓得腿软。项羽就像老鹰捉小鸡一样，把王离摔在了地上。

"项将军威武！项将军威武！"

楚军挥舞着兵器欢呼。而此时，欢呼的不止楚军，还有围困巨鹿的其他国援

名言名句　项籍有取天下之才，而无取天下之虑。（〔宋〕苏洵《项籍论》）

军。他们在旁边筑起堡垒已经好几个月了，但出于对王离、章邯还有秦军的恐惧，一直不敢出兵。项羽征战三天，他们就在堡垒上围观了三天，看到楚军以一当十像利剑一样打败秦军，项羽轻而易举打败了王离，都看傻了眼。

　　这一仗，项羽成了名副其实的战神。25岁的项羽，用几万人的队伍，打败了章邯几十万大军。

（故事源自《史记》）

"破釜沉舟"中的釜是什么？

　　"破釜沉舟"中的釜是当时的一种炊具，圆底没有脚，要放在支架上加热，可以用于煮、煎、炖、炸，作用类似于今天的锅。

你怎么看？

　　你觉得项羽破釜沉舟是因为有足够的信心能赢，还是他鼓舞士气的一种谋略？

刘邦的三条规矩

刘邦先进了咸阳城

"沛公，前面就是灞（bà）上（今陕西西安），再走百里，就到咸阳城了。"

"按照怀王的约定，谁先进咸阳，谁就是汉中王。"

"好，加速前进。"刘邦难掩心里的激动。

正在项羽追击章邯军队的时候，刘邦已经到了咸阳城外。诸侯混战，乱军四起。楚怀王约定，谁先进入咸阳，就封谁为王，所以刘邦这才着急进城呢。

其实，就在项羽打败章邯后，咸阳城里已经乱了。赵高吓得直哆嗦，派人把

天天玩乐的秦二世给杀了，新立了公子婴为王。万万没想到的是，公子婴又设计把赵高杀了。朝廷中乱成一团，大臣们各谋出路，此时的秦王朝早就名存实亡了。

咦？前面怎么出现一支送殡的队伍，大家都披麻戴孝呢？

原来是公子婴带着大臣们在路边等着投降呢。他捧着玉玺（xǐ）、兵符和节杖，见刘邦走过来，谦卑地上前说："沛公，我子婴不配当皇帝，皇位应该让给有才能的人，现奉上玉玺，只求能保全一条性命。"

樊哙举起大刀，对刘邦说："砍死他算了。"

"别！"刘邦拦住樊哙，"楚怀王之所以派我来汉中，就是看中我宽以待人。既然已经投降了，就饶他一条命，把他关起来吧。"

就这样，刘邦的军队进入了咸阳城。而刘邦呢，也进入了传说中豪华的皇宫——巍峨高大的宫殿，金光灿灿的宝座，刘邦一直在乡下长大，哪儿见过这么多好东西啊？他坐在宝座上，幻想着自己穿上龙袍，殿下百官呼唤万岁的情景，心里美滋滋的。

樊哙和张良看着已经得意忘形的刘邦，问："沛公，接下来有什么安排？"

刘邦说："你们看这宫殿多华丽，果然还是秦二世会享受啊。我们征战多年，不如就在这宫里享受几天，也让士兵们领略一下咸阳的繁华。"

"沛公！"樊哙生气地说，"没想到您这么快就被繁华迷住了眼，还想休息几日？别忘了，项羽打败了秦军，大家都把他当作名副其实的王。要是他来了，知道您住进了这里，肯定会跟我们决一死战的。"

"是呀！"张良也赶紧说，"您让士兵们领略咸阳繁华，可咸阳城的百姓都战战兢兢呢，街上的摊贩都不敢出来了，到处房门紧闭。这么多士兵进了城，大家都害怕会到处抢东西呢。"

被樊哙和张良这么一说，刘邦一下子从春秋大梦中醒了过来："两位说得对，是我刘邦一时糊涂了，还是得为长远打算啊。"

刘邦带着樊哙、张良离开皇宫，对守卫的士兵说："好生看管，不能让任何人进去。"接着又下令把咸阳城的库房都锁好，不允许士兵拿库房中的一针一线。

约法三章

刘邦召集起咸阳城中的百姓，诚恳地保证：大家受秦朝暴虐统治已经很久了，现在我刘邦来了，按照约定，我就是关中王。但我来关中，不是来杀人放火，也不是来掠夺财产的。我宣布，过去的法律禁令一律废除。我只跟大家约法三章。

　约法三章：指订立法令，大家共同遵守。后泛指订立简单的条款。

大家都竖起耳朵。只听刘邦说："第一条，杀人者偿命；第二条，伤人者抵罪；第三条，盗窃者也要抵罪。这三条是对大家的要求，也是对我刘邦和将士的要求。如果我或者我的将士犯了这三条，一样治罪。"

"好——"大家都欢呼了起来。

"太好了，没想到沛公这样宽厚仁义。"

大家就像过年一样，纷纷回家，拿出家里的牛羊肉、粮食和好酒，献给刘邦和士兵："沛公，您是我们的大恩人，以后咸阳城的安定就靠您了。"

刘邦摆摆手，说："多谢大家的好意，我们不会拿大家一样东西的，大家都回去吧。"说完这些，刘邦就带着士兵出了城，驻扎在附近的灞上。

迟到的项羽

此时的项羽还不知道刘邦已经进了城，正着急忙慌地往关中赶呢。巨鹿之战后，章邯的二十万军队投降了项羽，项羽成了诸侯中最大的军事势力。听说秦二世和赵高已经死了，他心里大喜："进入咸阳，我就是关中王，就能得天下了。"

项羽带着楚军和投降的秦军一块儿向关中奔去，可是在路上，楚军和秦军却经常发生矛盾。楚军仗着自己是胜军，强拿秦军的东西。秦军呢，原本只有他们欺负别人的份儿，现在成了俘虏，天天被楚军欺负，心里不满，私下都在议论：

"楚军真是欺人太甚，原本就是一帮强盗，现在欺负到我们头上了。"

"唉，没办法，谁让章将军投降了，我们现在是俘虏呢。"

楚军把这些议论都报告给了项羽，说秦军有二心。项羽本来就脾气暴躁，听到这些议论，怒不可遏，跟将领们商议："这些士兵对楚国不忠，留着到关中也是祸患，不如都杀了。"

其他几位将领也同意:"项王所言即是。"

于是,到了新安(今河南渑池),楚军瞒着章邯,趁秦军睡着的时候收缴了他们的兵器,把二十万士兵都赶到一个大坑里,全部活埋了。

秦兵们在坑里大骂:"项羽残暴,不得好死!必有报应!"

项羽才不管这些,带着楚军继续往关中去了,他正着急去当关中王呢。

一路很顺利,沿途诸侯军都高呼着:"项王威武!"可是到了函谷关这个进入关中的要塞时,却发现有军队把守,把守的不是秦军,而是刘邦的军队。

楚军大喊:"我们是楚国上将军的队伍,快开关门,让我们进去。"

守城的士兵大喊:"我们奉了沛公的命令,把守函谷关,任何人都不准进。"

项羽气得一声大喝:"好个刘邦,居然敢私自提前进关。给我攻!"

"冲啊——"

项羽的军队不到半天就冲进了函谷关。项羽带着四十万大军，驻扎在鸿门（今陕西临潼），而刘邦呢，带着十万大军，驻扎在灞上。

两军僵持，战争一触即发。

（故事源自《史记》）

项羽烧掉的是阿房宫吗？

与刘邦进入咸阳后秋毫未犯形成强烈对比的是，据说后来项羽进入咸阳城，一把火烧掉了阿房宫。但是现在对阿房宫的发掘表明，阿房宫内只发现了几处火烧红土的遗址，而在阿房宫对面的咸阳宫，却发现了多处遗址，因此专家推测，项羽烧掉的是咸阳宫，而不是阿房宫。

另外，考古发现，阿房宫并没有全部建成，只建成了前殿地基，是世界上已知的最大的夯土建筑台基。1992年，联合国教科文组织对阿房宫进行了调查和认可，将其认定为世界上最大的宫殿基址。

你怎么看？

进入咸阳后，为什么刘邦能跟百姓约法三章，而项羽却做不到呢？

惊心动魄的鸿门宴

两个间谍

秦朝灭亡了。咸阳附近的百姓表面过着平静的生活，但大家心里都充满了不安。刘邦和项羽的队伍在咸阳附近对峙，战争一触即发。而这时，出了两个间谍，然后就有了一场史上著名的酒宴——鸿门宴。

第一个间谍是刘邦手下的将领曹无伤，他派人给项羽通风报信："项王，刘邦觉得自己先进了城，公子婴又在他手里，他打算让子婴当丞相，自己当王。"

项羽本来就因为刘邦提前进咸阳，还派兵把守函谷关窝了一肚子火，听了曹无伤的话，登时就怒了："这无赖刘邦，明天就去灭了他！通知将士们，明天出征！"

这时，项羽的叔父项伯坐不住了，他担心的倒不是刘邦，而是刘邦手下的谋

士、自己的好朋友张良，张良曾经救过他的命。

于是，项伯成了第二个间谍。他偷偷骑马来到刘邦军营，把第二天项羽就要出兵的事告诉了张良："快逃吧，不然就来不及了。"

张良非常感激项伯的情意，说："你先坐着，我跟沛公说一声吧，不能眼睁睁看着他去送死。"

于是，张良让士兵好好招待项伯，自己把这件事告诉了刘邦。刘邦一下子就慌了，要知道项羽的兵马可是自己的数倍，而巨鹿之战后，项羽的赫赫威名，谁不害怕？

"怎么办？"刘邦眉头紧锁，"早知如此，真不该听信小人之言，把项羽挡在函谷关外。现在项羽要打我们，我们是死路一条啊。"

刘邦在营帐中踱来踱去，忽然，他问张良："你跟项伯比，谁大？"

"项伯大。"张良很奇怪，"为什么问这个？"

"这你就别管了，快去请项伯进来吧。"

项伯进来后，刘邦非常热情地招待了他，不停地给项伯敬酒，又提议："兄长，咱们当个亲家如何？"

项伯心里盘算："这还不错。我是项羽的叔父，将来再和刘邦成了亲家，不管哪一方赢了，我都能有靠山。"于是便说："能和你成为亲家，是我三生有幸。"

见项伯答应了，刘邦便跟项伯诉起苦来："唉，项王都是听信了小人谗言。我一进入咸阳，就把皇宫和库房的门都关了，不让士兵拿一分一毫，这些都是留给项王的啊。我派兵把守函谷关，是为了不让盗贼进来，谁知守关士兵把项王也拦住了，引起了误会，这可如何是好啊？"

项伯拍了拍刘邦的肩膀说："项王明天就要发兵了，不如明早你早点来，跟项王请罪吧，也许还有转机。"

"行！行！行！一切都听您的。"刘邦不停点头。

项伯回去后，把刘邦的话都转告了项羽，并且不停替刘邦说好话："刘邦是替您守住了咸阳啊，要是这样把刘邦杀了，咱们反倒落了个不仁不义的名声，不如明天刘邦来，跟他好好谈谈。"

"好！"项羽也想看看刘邦的态度，"明日设宴，招待刘邦。"

鸿门开宴

第二天，鸿门之上，军旗猎猎。刘邦骑着马，带着樊哙和张良等人来到鸿门。

刘邦一进军帐，就连忙行礼，跟项羽谢罪："误会啊，我和将军合力攻打秦国，将军您在黄河以北作战，我在黄河以南作战，我做梦都没想到自己能先进入咸阳。都是小人的谗言，让将军和我有了误会。"

看到刘邦低声下气的样子，项羽心中的气早就消了一半，客气地迎刘邦入座："坐坐坐，来，喝酒吧。"

大家都坐下喝起了酒，不再说军中的事。

项羽谈笑风生，刘邦如坐针毡。项羽手下的谋士范增拿起玉玦（jué）不停地跟项羽暗示：要下决断了，杀了刘邦。

项羽也注意到了范增拿起的玉玦，明白范增的意思，但还是下不了杀心，他看着刘邦紧张的样子，想："章邯我都能打败，刘邦这么胆小有什么好怕的？杀了刘邦，传出去名声也不好。"

范增气鼓鼓地来到营帐之外，正好碰到项羽的堂弟项庄，心生一计，把项庄叫过来耳语了几句。

项庄舞剑

营帐中表面平静，大家喝着酒，有一句没一句地闲聊着。这时，项庄提着剑进来了："光喝酒多没意思，我来给大家舞剑助兴吧。"

"好啊！"范增说，"项庄的舞剑之术可是军中有名的。"

项庄的剑一会儿上一会儿下一会儿左一会儿右，宝剑在他手上如青龙出海一般，前后左右翻滚着巨浪，席上的人看得好不过瘾，大声叫好。但慢慢地就不大对劲儿了，因为，项庄的剑直指刘邦。刘邦一会儿往左躲，一会儿往右闪，一会儿往后退，额头上全是汗。项羽也不说话，自顾自喝酒，像是在看一场好戏。

"侄儿的剑舞得真好，来，叔父与你合舞。"这时，项伯站了起来，拔出剑，和项庄合舞了起来。项伯看似在舞剑，实则在保护刘邦，项庄每一次刺向刘邦的剑，都被项伯挡了回去。

故事里的成语　　项庄舞剑，意在沛公：项庄舞剑，企图刺杀刘邦。比喻说话或行动的真实意图别有所指。

樊哙救主

趁项伯挡住项庄之际，张良赶紧出营帐找帮手——樊哙正在门口等着呢。

"快，樊哙，项庄要杀沛公，快进去保护沛公。"

樊哙急了，拿着盾牌就要冲进营帐。

"站住！"门口的守卫拦住樊哙。

"让我进去！"樊哙拿着盾牌，撞翻了守卫，冲进了营帐。

他眼中冒着怒火，直瞪着项羽。

项羽问："你是谁呀。"

张良赶紧打圆场："项王，这是沛公的手下，叫樊哙。"

樊哙依然对项羽怒目而视，项羽心中反而升起一番敬意："壮士，坐，喝酒！"

旁边的人端了一大杯酒过来，樊哙端起酒杯，一饮而尽。

"爽快！来，赏壮士一条猪前腿。"

这时，士兵拿了一条生的猪前腿过来，樊哙把生猪腿放在盾牌上，旁若无人地吃了起来。项羽敬佩不已。

"壮士，还能喝酒吗？"

"当然能！"樊哙说，"我死都不怕，喝酒有什么可怕的？"

说着，樊哙又端起一大杯酒，一饮而尽。

喝完酒趁着酒劲儿，樊哙说："项王，大家都知道，怀王说过，先打进咸阳城的人就做王，我们沛公虽然是第一个进的咸阳城，却一点儿东西都没有动，就为了等您来主持大局。您如果还要杀了我们沛公，那跟暴秦有什么区别？"

事儿一下子被樊哙这个大口喝酒、大口吃肉的粗人挑明了，项羽一时也不知道说什么，只好说："壮士，坐！"

刘邦逃走

刘邦此时只想快点离开。樊哙坐下没多久，刘邦就对项羽说："项王，我酒喝多了，想去厕所。"

项羽点点头，答应了。

"沛公喝醉了，我陪沛公一块儿去吧。"樊哙陪着刘邦一起走出了营帐。可他们去了很久，都没有回来。项羽派人去找刘邦，张良也赶紧找了个理由去找他们，出了营帐。

樊哙正在角落里劝刘邦逃跑呢："沛公，赶紧跑吧，不然性命不保啊。"

"没有告辞就走了，是不是不妥？"刘邦有些犹豫。

"都说做大事不用顾及小礼节，讲大礼节也不用顾及小责备。再说现在，我们就是人家案板上的肉，一进去随时可能被人砍了。"

"你们先走吧。"张良说，"我去跟项王告辞。"

能有这样忠心耿耿的属下，刘邦很感动。他拍

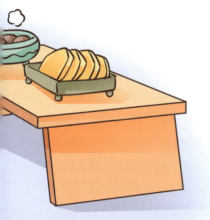

着张良的肩膀："那就辛苦你了。"

刘邦的军营和项羽的军营其实也就四十里路，为了安全，刘邦自己一人骑着马先走了。而张良呢，则去跟项羽告辞。

营帐中，项羽还在喝酒呢，看到张良进来，便问："沛公呢？上个厕所怎么还不回来？"

张良拿出刘邦临走时给他的一对玉璧和玉斗，把玉璧献给了项王，把玉斗献给了范增，说："实在抱歉，沛公不胜酒力，喝完酒就身体不舒服，怕在两位面前失态，已经先回去了。他托我把这小小的礼物送给二位，表示歉意。"

"这沛公，连道歉都不好意思来吗？"项羽笑着接过了玉璧，"没关系，礼物我收下了，你也回去吧。"

现场唯一清醒的人是范增，他拿过玉斗，气得挥剑把玉斗砸碎了："看来夺走天下的肯定是沛公了，我们都要成为他的俘虏了！"

惊心动魄的鸿门宴就这么结束了。刘邦侥幸逃脱了，但他和项羽的争斗才刚刚开始。

（故事源自《史记》）

汉代的玉器

故事中出现了玉玦、玉璧和玉斗等玉器，玉器在当时是很珍贵的。汉代张骞出使西域、丝绸之路打通后，许多新疆的玉料进入了汉朝，比如精美的和田玉。汉代礼仪用玉最重要的是佩戴在腰间的玉环。汉代人还爱佩剑，和剑搭配的是各种玉剑具，代表了主人尊贵的身份。除此之外，汉代还制作了玉猪、玉鸽、玉马、玉熊等动物形象的玉器。

你怎么看？

项羽本来是个性情急躁的人，为何在鸿门宴中放过了刘邦？

火烧栈道，暗度陈仓

火烧栈道

"这一别不知道什么时候能再见面了。你陪我进咸阳，赴鸿门宴，要是没有你，我刘邦今日还不知身在何处呢。"刘邦与张良正在去巴蜀的栈道上道别呢。

"汉王，我张良是韩国人，所以只能暂时与沛公一别去辅佐韩王了。沛公是成大事之人，要小心提防西楚霸王项羽。"张良说着也有些动情了。

去往蜀地一路崇山峻岭，颤巍巍的栈道一边是陡峭的山壁，一边是掉下去便粉身碎骨的深渊，非常凶险。刘邦为什么要带着军队去巴蜀呢？

原来啊，这是项羽的安排。鸿门宴后不久，就到封王的时候了。楚怀王本想按照约定，封刘邦为关中王。可当时项羽掌握了实权，这王怎么封都是他说了算。

项羽尊楚怀王为义帝，还封了十八个王，刘邦被封为汉王，但得到的是巴蜀之地。要知道，巴蜀在秦代可是流放犯人的地方，谁都不愿意去，刘邦虽然心里有气，但也不敢说。而本来应分给刘邦的地则分给了章邯等秦国投降的三个将领。三人名义上是王，实际上却是项羽安排守住关中，阻拦刘邦出巴蜀的。项羽把自己封为西楚霸王，定都彭城（今江苏徐州）。在东去之前，项羽进了咸阳城，不但杀死了公子婴，还一把火烧掉了宫殿，抢走了库房内无数的金银珠宝。

看着这长长的栈道，张良忽然有个想法，他凑到刘邦耳边："要想让项羽完全打消对您的顾虑，必须要做一件事，这也是我张良送给您的最后一计……"

听了张良的话，刘邦说："好！好！来，拿火把来。把栈道烧毁，我今生再不出巴蜀之地。"

"啊？"士兵们都不明白。

"拿火把来！把栈道烧了。"

熊熊的火焰燃烧起来，烧毁了出巴蜀的路，刘邦心里也有团火在燃烧着。

"什么，刘邦把栈道烧了？"听到刘邦火烧栈道的消息，项羽在军营中大吃一惊，"真是个胆小鬼呢。"

萧何夜半追韩信

刘邦带领军队继续往西南行进，将士们越来越想念故乡，军中抱怨声也越来越多。一路上，不时传来将士出逃的消息：昨天走了几个，今天又走了几个。

一天，刘邦忽然得到消息："萧丞相昨夜骑马离开了，不知道去了哪里。"

"萧何也走了？"萧何从进入沛城的时候就跟随刘邦，没想到现在也走了，刘邦心里不是滋味。

没想到第二天，萧何又回来了。刘邦心里又高兴又生气："没想到你也会跑，你究竟是怎么想的？"

萧何说："汉王，我不是跑，我是去追人的，我把韩信追回来了。"

"韩信？跑了那么多英勇善战的将士，你不去追，去追一个管粮食、还钻过别人裤裆的人？"

故事里的成语　胯（kuà）下之辱：从别人胯下钻过去的耻辱。后比喻事业未成功时被人鄙视、讥笑，遭受极大的侮辱。

69

　　原来啊，韩信是刘邦手下一个管粮食军饷的小官，他年轻的时候，一个屠夫欺负他："你这个胆小鬼，天天拿着刀剑，糊弄谁呢？这样，你要不怕死，就拿剑刺我，要怕死，就从我裤裆下钻过去。"韩信看对方人高马大，还手握杀猪刀，不想起冲突，就真的当着大家的面，从他的裤裆下钻了过去。满大街的人都笑话他："胆小鬼，钻裤裆的胆小鬼！哈哈……"

　　但萧何却不这么认为，他对刘邦说："我跟韩信聊过很多次，他非常有见地。我不知道汉王接下来有什么打算，要只是留在西南边陲，那就用不上他，我就当白追了；要是想坐拥天下，就须要找一个能带兵打仗的奇才，那非得韩信不可。"

　　刘邦一下子被萧何的激将法激怒了，脱口而出说："我当然想要整个天下，谁想一直在这个鬼地方呢？"

　　"好，那请汉王重用韩信！"萧何斩钉截铁地说。

　　刘邦还是不大相信，说："好吧，看你的面子，就封韩信当个将军吧。"

名言名句　夫运筹策帷帐之中，决胜于千里之外，吾不如子房（张良字子房）。镇国家，抚百姓，给馈饷，不绝粮道，吾不如萧何。连百万之军，战必胜，攻必取，吾不如韩信。此三者，皆人杰也，吾能用之，此吾所以取天下也。（〔汉〕刘邦）

"当将军怎么行？那是埋没韩信的才能了，要封就封大将，还要举行重大的册封仪式。"

册封仪式后，刘邦问韩信："萧丞相多次说将军才华天下无双，将军有什么能指点我的吗？"

韩信忙说："不敢不敢。在下只想问汉王，您觉得自己在勇气、智慧、战斗力方面，比起西楚霸王项羽怎么样呢？"

刘邦沉默了许久，说："我比不上他。"

"的确，项羽巨鹿之战一举成名，打起仗来名震天下。但他有个问题，就是太残暴了。在去咸阳的路上，他坑杀了二十多万秦朝士兵；进入咸阳城时，烧了宫殿，抢了无数金银珠宝。这跟汉王进关中'约法三章'完全两样。现在项王派章邯等三个秦国将领驻守关中，就是为了拦着咱们。但关中的那些百姓和士兵，其实心里都想着汉王您，恨着章邯和项王。所以，咱们只要抓住百姓和士兵的心，就能获胜。"

"将军果然是奇才啊！"刘邦紧紧握住了韩信的手。

于是，刘邦就放心地把士兵交给了韩信操练。

暗度陈仓

到了八月份，队伍训练好了，韩信就带兵出发了。因为栈道已经被烧毁，守卫关中的章邯等人也放松了警惕，心想：路都没有了，刘邦难不成能飞出来吗？但没想到有一天，前线传来急报："报！章将军，汉军从陈仓攻过来了。"

"陈仓？陈仓？"听到这个消息，章邯震惊了，"真是百密一疏啊！我怎么没想到陈仓也能进关中啊。"

原来出巴蜀之地除了栈道外，还有一条小路能迅速进入关中，那就是陈仓。

"快，调集兵力，全力守住陈仓。"

大批的军队赶赴了陈仓。但没想到，章邯的关中军人数虽多，但因为是临时调度过来的，各方面都不熟悉，再加上大家都倾向于刘邦，痛恨项羽和章邯，打起仗来十分懈怠。而韩信带领的军队，抱着走出巴蜀的斗志，一下子就把对方打得溃不成军了。

"我本是降臣，受命把守关中之地，没想到关中也丢了，霸王肯定不会放过我的。"羞愧之下，章邯拔剑自杀了。

就这样，刘邦走出了巴蜀，占领了汉中，开始了和各路诸侯以及项羽的征战之路。

（故事源自《史记》）

知识卡片

秦汉时期的栈道

在古代，想从关中去往巴蜀就要翻越崇山峻岭，路途非常凶险。秦汉时开始在崇山峻岭间修建栈道，有的沿着石壁开出宽一到两米的石道，有的在悬崖峭壁上开出孔插入粗木梁，再在上面铺上厚木板，旁边加上铁链或者木栏，成为栈道。这些栈道宽的有五六米，车和马能通过。比较著名的有去巴蜀的子午道、褒斜道，去大散关的栈道，还有黄河三门峡的漕运栈道等。

你怎么看？

韩信曾投奔项梁、项羽，均未得重用，默默无闻。刘邦为什么要重用他？

背水一战，中午会餐

"报告！韩信带着大军往太行山来了，正要通过井陉（xíng）口（今河北井陉东），来攻打我们赵国！"赵国主将陈馀的兵营中传来急报。

韩信的队伍开往井陉口，在离井陉口三十里的地方驻扎了下来。大半夜，韩信就吩咐伙夫起来做饭，大家草草地吃了几口，还没吃饱，就被催着要上路了。

韩信对士兵们说："兄弟们，早上吃得有点草率，对不住了。别着急，今天中午我们就会餐，带大家吃好吃的。"

大家心里嘀咕："真的吗？一上午就能结束战斗吗？赵国可是有几十万军队，我们才几万。"

与此同时，赵国的军队已经在太行山另一端建起了高高的堡垒。主将陈馀站在堡垒高处看去，发现韩信的队伍背靠着井陉旁边的那条大河。

"哈哈——"陈馀大笑起来，"这韩信，都说带兵有方，却背着水列起了队伍，这不是把自己置于死地吗？"

旁边赵军将领也都大笑起来："用兵都是面对水背靠山列阵，前面有水，能作为自然的屏障，后面有山，万一兵败，就能逃到山里。"

"哈哈，汉军背靠着水，我们这一打，不就把他们逼到水里了吗？"

"将士们！"陈馀得意地说，"这一仗我们赢定了。"

"赵军必胜！冲啊！"赵军浩浩荡荡地冲出了堡垒。

看到赵军出来，汉军也冲了过去，战场上鼓声雷动，旌旗飘扬，双方展开战斗。可能是赵军和汉军兵力对比悬殊，也可能是汉军长途跋涉有些疲惫，慢慢地，赵军控制了战场的绝对主动权，汉军眼看要败了。

故事里的成语　背水一战：在不利情况下和敌人做最后决战。比喻面临绝境，为求得出路而作最后一次努力。

"撤退！"韩信下令，汉军开始往河边的阵地撤退。

"追！全军出动，给我追。"陈馀没想到此次作战如此顺利。赵国堡垒内的所有士兵，一个不剩，都涌了出来，追击汉军。

汉军士兵逃得很狼狈，战鼓、旌旗、刀枪、长矛边撤边丢。

赵军马上就追到了河边的汉军营地，后面就是大河。韩信对着士兵们高呼："兄弟们，若往后退，坠入河中就是死，往前冲，打败赵军才能活下来！"

　　看着身后滔滔的河水，士兵们一下都害怕了，已经无路可退了，只能和赵军殊死搏斗。"冲啊！"赵军虽然人多势众，但是面对置于死地的汉军，却怎么也打不过了，双方拼杀许久，赵军没占到半分便宜。

　　忽然，赵军中有人发现了不妙："快回头看啊，堡垒上的旗子换成汉军的红旗了。"

　　见堡垒旗帜都换了，赵军觉得赵国要亡了，军心一下涣散，大家都自顾自逃命去了。

　　"胡闹！"陈馀大喊，"阵前逃跑者，一律斩杀。"

　　士兵们已经不听号令了，拼命逃跑。正当赵军乱成一团的时候，从赵军的堡垒中冲出了一支精锐的汉军，与河边的汉军一起两面夹击赵军，没过多久就将赵军彻底打败了。

　　刚过中午，战斗就结束了。汉军在河边架起了锅，杀牛宰羊，香味飘散在河边的芦苇丛中，士兵们一边大口吃着肉，一边聊着天，言语中都是对韩信的佩服。

　　"韩将军说中午会餐，果然半天就结束战斗了。"

　　"赵军万万没想到，咱们派了两千士兵去换旗。"

　　"对，就是换了个旗子而已，但赵军都以为赵国被占领了。"

　　韩信的"背水一战"成了历史上的经典战役。汉军一路拼杀，得到了许多领土。与此同时，项羽也靠着自己的兵力和手段，征服了许多国家。当时分封的十八个王，渐渐地，主导局势的也就剩下汉王刘邦和西楚霸王项羽了。

（故事源自《史记》）

秦汉战场上的旗子

古代战场上的旗子有多种。一种是号旗，这种旗子小但是多，表示军队推进的位置。韩信他们拔掉的就是赵军的号旗，换上了自己的号旗。一种是牙旗，也是将旗，插在将领旁边，显示将领位置，很多电视剧都有斩旗的情节，斩的就是将旗。一种是传令旗，用旗子来传达前进、撤退等各种战场上的命令。秦代时，崇尚黑色，所以旗子大多是黑色的。刘邦起义的时候，因为觉得自己是赤帝的儿子，用的旗子是红色的。

你怎么看？

你觉得赵军首领陈馀犯了哪些错误，导致这次战役失败了？

项羽遭遇十面埋伏

被困垓下

"汉王，西楚霸王已经撤军要回彭城了，我们撤吗？"手下的将领来跟刘邦请示。

原来，刘邦带着队伍走出巴蜀后，逐个击破了当时楚怀王分封的各个诸侯。到现在，汉军和楚军已经激战了四年，互有胜负，双方约定，干脆不打了，就以鸿沟（今河南荥阳附近的一条人工运河）为界，往西是汉王刘邦的领土，往东是西楚霸王项羽的领土。协议签订后，项羽就带领军队东去了。可刘邦却犹豫不决：按理说，自己也应该撤，可争斗了多年，就这样回去？不甘心！

这时，因为韩王为项羽所杀，又回到汉军军营中的张良提出建议："汉王，不可撤啊。一个国家怎能分成两半呢？我们何不利用现在项羽撤军的机会，一举灭了他，统一天下呢？"

灭了项羽，统一天下，这可是刘邦素来的愿望啊。于是，刘邦并没有撤军，反而悄悄地越过鸿沟，往东打了去。刘邦一路边打边招募兵马，汉军的军事实力越来越强大，逼近项羽所在之处。

一天，项羽的军营里传来战报：汉军大队兵马东来，把楚军困在了垓下。

"霸王，韩信带兵把我们层层包围了，他们有三十万大军，而我们只有十万。"

"什么？"项羽大吃一惊，没想到刘邦发展如此之快，"早知道当年鸿门宴时就应该把他杀了。没想到留到今天，是这样一个后患。"

现在后悔也来不及了，将领提议："韩信的包围圈十分牢固，靠冲出去不大可能。我们只能等汉军粮草断了，慢慢离去。"

如今也只能这样了。可是，时间过去一个月了，韩信的兵马不但没有离去，反而越来越强了，而项羽军中的粮草却断了。

四面楚歌

士兵们萎靡不振，四处晃荡。项羽也在营帐中十分消沉。

那天晚上，月明星稀，项羽在营帐中怎么也睡不着。忽然，外面传来阵阵歌声，那萧瑟悲凉的曲调，就是项羽家乡的楚歌。再仔细听，这歌声不是楚军军营中士兵唱的，而是从军营外围着的汉军中传来的。熟悉的楚歌从东边传来，从西边传来，从北边传来，从南边传来，从四面八方传来。

项羽大吃一惊："汉军大部分都不是楚地人，怎么会有这么多人在唱楚歌呢，难道……楚地都被刘邦占领了？"

这时，一直陪在项羽身边的美人虞姬走了进来，神情惊慌地说："霸王，大家听到楚歌，都害怕极了，担心家里人被汉军抓了，要逃出去呢。"

"我知道，"项羽沉着脸，倒了一杯酒，说道，"听外面乱糟糟的脚步声，我就

猜到了。"

"霸王……"虞姬神情凄楚，端起酒杯，看着项羽，说，"我们喝一杯吧。"

"干！"项羽端起酒杯一饮而尽。听着外面的楚歌，他也有些思念故乡了。想起这么多年自己在外征战，没想到却栽在刘邦手上，项羽不由得唱起歌来：

"力拔山兮气盖世，时不利兮骓不逝，骓不逝兮可奈何，虞兮虞兮奈若何？"

项羽唱着歌，虞姬跟着在一旁应和着，边唱边流着泪。泪水从美人脸庞落下来。旁边的人想起项羽过去的意气风发，再想到如今四面楚歌的凄凉，也都满脸是泪，不敢抬头。

无颜见江东父老

流过了泪，战斗还要继续。项羽走出营帐，看着外面不知所措的士兵们，大喝一声："谁愿意跟我突围，打得汉军落花流水？"

"我们愿意！我们愿意！"八百多江东子弟兵振臂高呼。

"好!"项羽骑上乌骓马,拿着兵器,"冲破重围,打得汉军落花流水!"

"杀啊!"他们冲进了韩信的十面埋伏中,和汉军展开了搏杀,战斗异常惨烈。八百多人,到过淮河的时候,项羽身边就只剩下一百多人了。到达东城(今安徽定远东南)的时候,只剩下28个人了。而围追的汉军一层又一层,丝毫没有退却的意思。

项羽对将士们说:"我带兵打仗八年,打了七十多场仗,没有失败过。这可能是最后一仗了,我们要让大家看看,今天是上天要亡我楚军,不是我们无能。"

项羽把骑兵分成四队,面朝东南西北四个方向,面对围得严丝合缝的汉军,项羽大喝一声:"待我来拿下一员大将,大家各自冲出包围,我们在山的东边集合。"

说着,项羽骑着乌骓马冲了下去,咔嚓一声就杀了一名汉将,其他江东子弟也奋力拼杀起来。

果然,不一会儿,项羽就和子弟兵在山的东边汇合了。项羽杀了上百人,江东

子弟只损失了两人。

　　他们奋力逃脱，终于来到了乌江边。乌江江水滔滔，正如项羽当年从故乡出来时一样，但当年意气风发，要去夺得天下。可如今……

　　乌江亭长早已经在河边备好了船，说："霸王，江东虽然不大，但也有一千里土地，几十万民众，大家都尊您为大王。请您赶紧渡江，等到汉军来了，就没办法了。"

　　项羽回头看了看剩下的26名子弟兵，再看看自己狼狈的样子，苦笑着说："想当年，我带着八千子弟兵离开家乡，要夺得个天下再回去。如今却不能把他们带回来，我又有何颜面去见江东父老呢？"

　　说着，项羽把宝马乌骓牵到亭长的手中，说："我知道您忠厚仁义，这匹马跟着我征战五年，日行千里，所向无敌。它跟着我也是死路一条，就送给您吧。"

　　亭长和旁边的将士看着都落泪了，"嘶——"乌骓也一声长啸，万分不舍。

　　汉军的几万追兵也都赶到了。汉将大喊："汉王有令，杀项羽者，赏金千斤，封万户侯。"

项羽也朝自己剩下的二十多名子弟兵大呼："兄弟们，我们江东子弟，即使死也要拼杀到最后一刻。"

大家都被项羽毫不畏惧死亡的勇猛打动了，高喊着："拼杀到最后一刻！"

项羽拿着宝剑奋力拼杀着，他的头上、胳膊上、胸部、大腿上，到处是伤，衣服上全是鲜红的血，"啊——"项羽依然大喝着，不想放弃。

汉兵们从没见过如此勇猛的人，心里不禁感慨，果然是一代英雄项羽啊。

但一人又如何抵挡万人呢？项羽疲惫不堪，猛然发现，在跟自己拼杀的人里，有一个老相识：这不是小时候和自己一起玩泥巴的吕马童吗？没想到他也要来杀自己。

项羽悲从心生，对吕马童说："听说杀我项羽者，赏金千斤，封万户侯。我就把我的脑袋送给你吧，也不枉我们从小相识一场。"

说着，项羽拿起宝剑，自刎而亡。

项羽这一败，再也没有能跟刘邦抗衡的力量了。汉军不断东进，收服了各路诸侯，最后统一了天下，建立了大一统的汉朝。

（故事源自《史记》）

知 识 卡 片

汉服是汉朝人穿的衣服吗？

我们现在所说的汉服，并不特指汉朝的衣服，而是汉民族的衣服。汉朝的时候，女孩经常穿的衣服是深衣，衣服很长，衣摆就像喇叭状，长长地拖到地上，走路的时候不会露出鞋子。汉代衣服大多是鸡心领，外面衣服的领子很大很低，能露出里面衣服的领子，一层一层的，所以这种衣服也叫三重衣。

你怎么看？

你觉得项羽是英雄吗？

出击匈奴，七战七捷

龙城大捷

"四位将军，匈奴入侵上谷郡（今河北怀来县），形势危急，你们各带领一万骑兵，从不同方向出击，打退匈奴！"这四位将军就是汉代名将公孙敖、公孙贺、李广和卫青，指挥战斗的则是汉武帝。

汉武帝自登基以来一直为北部边境越来越嚣张的匈奴发愁。秦朝时，大将军蒙恬本已把匈奴挡在长城之外，但趁着秦汉交替、汉人无暇顾及北部边境之时，匈奴又发展壮大起来，不断南下，烧杀抢掠，侵占汉人土地。汉高祖曾亲自带兵攻打匈奴，身经百战的他却被匈奴围困，也就是历史上有名的"白登之围"。之后，汉文帝和汉景帝几十年来一直实行休养生息政策，避免动兵。到了汉武帝时，国力强盛，中央和地方的权力也牢牢掌握在汉武帝手里，汉朝已经做好了反击匈奴的准备。

"遵命!"四位将军整顿军队,即日带兵出发。

汉武帝在朝中,每天焦急地等待战报。这是汉军对匈奴的第一次反攻,能取得胜利吗?

"报!公孙敖将军队伍兵败回师了。"

"什么,公孙敖败了!"汉武帝有些不安。

"报!公孙贺将军队伍败了!"

"这匈奴实在太狡猾!"汉武帝震怒。

"报!李广将军同匈奴展开激战,无功而返。"

"唉——"汉武帝重重地叹了口气。

最后只剩下卫青这一支队伍了。卫青本是官府里的奴仆,因为姐姐卫子夫受到皇帝的宠爱,他也跟着进宫当了侍卫。卫青聪明能干,被提拔成了将领。这次是卫青首次出征。

就在汉武帝越来越焦虑时,前方传来战报:"陛下,前方传来捷报——卫青将军奇袭龙城(今蒙古国中部地区),俘虏了众多匈奴将士,胜!"

"太好了!"汉武帝高兴极了,噌地站了起来。

原来啊,卫青初生牛犊不怕虎,带着一万士兵,奔进了匈奴的腹地,也是匈奴的圣地龙城。匈奴人一直以为汉军为求稳妥,作战前都要谋划很久,出兵速度缓慢,万万没想到卫青的骑兵队伍比匈奴人还要迅速,一下子就冲进城来。守城的士兵还没反应过来,龙城就被汉军占领了。

龙城大捷是汉朝同匈奴作战的首次大捷,为了表彰卫青,汉武帝封他为关内侯。

夜袭右贤王

卫青还曾以迅雷不及掩耳之势,突袭了匈奴右贤王。

那年,汉武帝命令卫青带着三万骑兵去攻打匈奴右贤王。出征前卫青就做了分析:右贤王的队伍骁勇善战,对地形也熟悉,要想取胜,只能趁他们没反应过来,迅速拿下。

前方密探传来消息:"将军,匈奴右贤王自认为身处草原深处,我们汉人对

草原不熟悉，肯定找不到他们，这会儿正在军营里喝酒呢，他们各个喝得醉醺醺、东倒西歪的。"

"这也太瞧不起我们了吧？"旁边将士气不过地说。

"正合我意！"卫青倒是很高兴，"这正是我们立功的好时机！今晚，我们夜袭右贤王。记住，要快！"

当天夜里，右贤王的军营灯火闪烁，到处是士兵们醉醺醺的猜拳声。

"就是这儿了！"卫青的队伍直达草原深处，冲向右贤王军营，把他们层层围住。

匈奴军营中顿时乱作一团。右贤王从睡梦中惊醒，连衣服都没穿好，就带着几十名骑兵逃跑了。汉军如抓小鸡一样，活捉了营中的匈奴兵。

这次战役，卫青军队抓获了一万五千多名俘虏，缴获了数十万头牲畜。大捷的消息传回长安，汉武帝等不及了，便派使者带着圣旨去迎接卫青。

卫青的军队才刚走到边界线，就遇到来颁旨的使者：

"卫将军接旨！"

卫青赶紧跪下。

"卫将军此次攻打匈奴，扬我国威，现封卫将军为大将军，所有将士归大将军指挥。"

使者把大将军印交给卫青："卫大将军，快接过帅印吧。"

"臣接旨，谢皇上隆恩。"

卫青重新整编军队，班师回京，风光无限。

远征漠北

卫青一共带兵出击匈奴七次，七战七捷，取得了赫赫战功。最后一次，卫青带兵远征漠北地区，直接和匈奴单于作战，这是一场惨烈的战斗。

那年，汉武帝做出了部署，要跟多年老对手匈奴单于展开决战。他派卫青带着五万骑兵出发，霍去病、李广、公孙贺等将军打配合。黄沙漫漫，旌旗飘飘，战鼓声声，浩浩荡荡的汉军队伍往大漠中开去。

此时匈奴单于正屯兵沙漠边缘。一个曾经降汉又回到匈奴的将领向单于进言说："单于，汉人的骑兵不擅长沙漠行军，即使他们成功穿过沙漠，也会人困马乏，毫无战斗力，不如我们就在大漠边等着他们自投罗网吧。"

"哈哈，好主意！"匈奴单于拍手大笑。

卫青的军队连夜奔驰一千多里，终于到达了沙漠边缘。大家灰头土脸，又渴又饿又困，正碰上匈奴的军队以逸待劳，排好队列在等着他们呢。

卫青赶紧排兵布阵："所有战车排成圆环形，作为营房堡垒，五千骑兵作为正面主力，向前攻击。只许前进，不许后退！不想成为匈奴人的俘虏，就拼了！"

卫青的喊话让士兵们一下士气高涨，忘记了饥渴，忘记了疲乏。

名言名句 犯强汉者，虽远必诛。（〔汉〕陈汤）

士兵们高喊着口号,奋勇冲入匈奴骑兵军阵。

此时已是黄昏,夕阳红如血色。忽然,一阵狂风刮来,黄沙漫卷,吹得马儿站不稳,士兵都要从马上掉下来,这是沙漠里都罕见的巨大沙尘暴。所有人眼前一片昏黄,看不清对面是敌是友,就相互撕杀了起来,战争陷入了混乱局面。

卫青没有慌,也没有任何退缩,而是接着下令前进:"快! 左右两翼兵马迅速向前,包抄匈奴单于。"

"遵命! "卫青训练出来的精锐之师,面对强大的敌人,面对沙尘暴,没有丝毫退缩,顶着沙尘暴往前冲去。

看到汉军士兵不要命地冲上来,战车、战马和骑兵都如此强大,单于虽然身经百战,此时也慌了,趁着天地昏黄的沙尘暴,带着骑兵往西北方向逃去,只留下

混战的队伍，到处是兵器拼杀声、战马嘶鸣声还有哀号声。

终于，沙尘暴过去了，战斗也结束了，血染黄沙。

这次战斗虽然没有抓到单于，但斩杀俘获了敌兵一万多人，重重挫伤了匈奴人的锐气，之后的多年，匈奴人再也不敢举兵南下了。

卫青作为汉代名将，以其高超的指挥才能，一次次的进击匈奴，取得赫赫战功，张扬了大汉王朝的国威，也维护了北部边境农耕民族几十年的安定。

（故事源自《史记》）

马踏飞燕

　　甘肃省博物馆有件镇馆之宝，那就是马踏飞燕青铜器。它是中国旅游标志，被国家文物局鉴定为国宝级文物。马踏飞燕青铜器由铜铸成。马的三只脚腾空，向前飞奔，一只脚踩在一只飞翔的燕子（一种说法是云雀）身上，可以想象马奔驰速度之快。马踏飞燕的重心在飞燕这个底座上，整个青铜器准确地掌握了力学的平衡原理，铸造工艺在当时非常先进。

你怎么看？

　　对抗匈奴的精锐骑兵，蒙恬用连发的弩箭和坚固的长城，卫青则是用更快更猛的骑兵攻入匈奴内部，你觉得哪种方式更好呢？

张骞开通丝绸之路

"匈奴骑兵又来进犯，各位爱卿，有何消灭匈奴的良策吗？"朝堂上，汉武帝又在为匈奴的事发愁呢。

一位大臣上前禀告："陛下，听说最近匈奴攻下了北边的大月氏（zhī），还用大月氏国王的头来喝酒，大月氏人十分恼怒。如果我们能联合大月氏一同出兵，两面夹击，肯定能成功。"

"此计甚妙！"汉武帝点了点头，"谁愿意出使大月氏？"

大家都不敢上前，在下面议论纷纷："要去大月氏就得经过匈奴，这怎么能穿过去啊？"

此时，一位大臣站出来："陛下，臣愿意出使大月氏。"

"好！"汉武帝龙颜大悦。

这位勇敢的大臣就是张骞。

滞留匈奴十几年

张骞带着一百多人的使团，找了一个投降汉朝的匈奴人甘父做向导，做了充分的准备，从陇西（今甘肃定西一带）出发，去往大月氏。他们本想悄悄从匈奴境内穿过，没想到还是被截住了，匈奴人把他们送到了单于的营帐。

张骞为自己辩解："单于，我等奉汉天子之命出使大月氏，并没有针对匈奴的意思，请放我们北行。等我回大汉后，必禀告汉天子感谢您的好意。"

"哼！"单于冷笑了一声，"你们想从我匈奴穿过去，怎么可能？来都来了，就留下当我们匈奴人吧。带下去！"单于命人将张骞带了下去，把他关在草原上的帐篷里，命人看守着他。

一开始匈奴人看管张骞很严，不允许他出门，日子久了也就慢慢放松下来，允许张骞活动。张骞开始了在匈奴的生活。他每天骑马放羊，吃着匈奴的饭菜，看着草原上的草秋天枯萎了，春天又长了起来。匈奴人给张骞娶了一个匈奴妻子，他们还有了孩子。张骞也学会了匈奴话，会唱匈奴的歌。

一晃十几年过去了，但张骞一直没有忘记自己的使命，那就是出使大月氏。每到夜晚，他便看着北方，自言自语："一直往北走，就是大月氏了。"张骞的匈奴妻子每每看着张骞执着的样子，也为其所打动。她想让自己的丈夫一直留在匈奴，但她也知道，这绝对不可能。

一天，草原上刮起了狂风，眼看就要下暴雨。看守张骞的守卫急得团团转，因为他家的羊走失了。可按单于的意思，不能让张骞离开自己的视线一步，这可怎么办呢？张骞的匈奴妻子见状，对守卫说："赶紧去找羊吧。这都十几年了，我替你们看着他，还有什么不放心的？"

守卫想想也是，就先去找羊了。等守卫一走，张骞的妻子就对他说："快走吧，不然就没机会了。"

"可是，我走了，你和孩子怎么办？"

"不用管我们，先去完成你的使命吧，不然你会遗憾一辈子的。"

"谢谢你！"张骞心里感动极了，收拾好东西，带上一直留着的汉节，找到了自己的部属，策马向大月氏逃去。

单于得知张骞逃跑的消息后，赶紧派人去追。幸好张骞他们已经会说匈奴话，对匈奴的道路也十分熟悉，很快便逃脱了单于的追捕。但去往大月氏的路途十分艰险，他们要穿过荒无人烟的戈壁滩，那里水源稀缺，热浪滚滚；他们还要翻越高耸入云的雪山，那里道路险峻，奇寒无比。一行人没有吃的，只能靠甘父射下的猎物勉强充饥。有的人生了病，有的人受了伤，有的人去世了。这是一条没人走过的路，张骞一行硬生生地用自己的生命闯出了一条路。

他们到了大宛，大宛国王十分惊喜："听说汉朝物产丰富，我们想跟汉朝交往，可一直都过不去，没想到你们来了。"

张骞说："我们也想跟你们交往，就是苦于路途遥远无法抵达。现在我们要先去大月氏，您能送我们去吗？"

"没问题！"大宛国王派出了随从和翻译，送张骞去了康居。康居的国王也很热情，想要跟汉朝建立外交关系，用专门的车把他们送到了大月氏。

来到大月氏

终于到了大月氏。看着异域风情的街道，听着陌生的语言，张骞心里感慨

万千："这条路走了这么多年，终于不辱使命了。"

大月氏的国王被杀后，他的夫人成了王。张骞向新的月氏王禀报自己的来意："我代表汉王朝出使贵国，就是想和贵国联合，一起对付凶残的匈奴国，以报杀害月氏王的血海深仇。"

没想到，十几年过去了，形势发生了变化。月氏王说："我们现在过得安稳富足，请转告大汉天子，我们已经不想向匈奴复仇了。请你们在大月氏逛逛吧，看看壮丽风光，品尝一下我们的美食。"

张骞在大月氏待了一年多，他千方百计想说服大月氏国王，国王却完全不为所动。

"唉……看来只能无功而返了。"无奈之下，张骞只好带着使团返回了。

回去的路上，张骞想绕过匈奴，从羌人居住的地方回到汉朝，但没想到，还是被匈奴人截获了。

倒霉的张骞又回到自己曾生活了十几年的帐篷，见到自己的妻子和儿子，百感交集。

"没事儿，"妻子安慰张骞，"我帮你再找机会。"

张骞说："这次，我想带你一起走。"

回到大汉

一年后，单于死了，匈奴内乱，看守也顾不上张骞了。终于，在一个宁静的夜晚，张骞带着妻子、孩子和甘父逃跑了。

终于，他们回到了汉朝。看着熟悉的长安楼台，听着熟悉的长安话，张骞泪流满面——终于回来了。

见到张骞，汉武帝十分惊讶。张骞向汉武帝说起沿途的所见所闻：大宛、大夏、安息有很多宝物，习俗跟汉王朝相似，他们都种植小麦；大月氏、康居兵力强大，可以给他们赠送财物，让他们归附汉朝。

张骞把这些异域见闻都完整地记录了下来，还画出了去往这些国家的路线地图。虽然这次出使张骞没能说服大月氏一起攻打匈奴，却带来了西域的第一手材料，汉武帝十分高兴，封张骞为博望侯。

再次出使西域

几年后，汉武帝又要攻打匈奴，再次把张骞请了过来。张骞说："联合大月氏是不可能了，但我们可以联合乌孙国。匈奴曾攻打乌孙国却打不下来，乌孙国王昆莫喜欢财物，联合了乌孙，就像打断了匈奴的左臂。"

汉武帝点了点头："有道理，不止乌孙，西域可以联合的国家很多，朕命你多带些礼物和珠宝，去和这些国家建立联系。"

"遵旨！"

这次，张骞带了三百人的使团，每位使者都牵着两匹高头骏马。他们赶着数以万计的牛羊，带着价值连城的礼物，风风光光地往前走。他们沿途遇到国家，就派出使节，送上财物，希望能与之建交，邀请其访问汉朝。

张骞顺利地到达了乌孙国，向乌孙王奉上金银珠宝，传达了汉武帝联合抗匈奴的意思。见到这么多金银珠宝，乌孙王眼睛放光，但是对联合对抗匈奴，他却没敢答应："我乌孙希望和汉朝建交，但匈奴人素来凶猛，对抗他们，我们也没有把握。"

乌孙王的打算，跟几年前的大月氏一样，张骞也只能尊重他们的想法。

"既然这样，那我们两国就建立外交关系，互通有无吧。您是否愿意派使节去往我们大汉呢？"

"当然愿意！"

张骞呢，带着乌孙王的使臣一起回到了汉朝，那些出使其他国家的使节，也

都带着他国派出的使臣，一起回到汉朝。这些使臣看到繁华的长安，人民生活的富足，看到汉武帝的胸怀天下，都愿意和汉朝建交。

从此以后，汉朝和西域的道路打通了：汉朝的丝绸、瓷器等特产流入西域，葡萄、珠宝等西域特产也流入中国。而张骞，就是开辟丝绸之路的第一人。

（故事源自《史记》《汉书》）

 知 识 卡 片

从丝绸之路传进来的食物

丝绸之路，顾名思义，往来最多的商品就是丝绸了。除此之外，汉代的茶叶、瓷器以及各种青铜铁器在当时也受到西域各国的欢迎。从西域传入汉朝的东西也很多，我们今天吃的很多蔬菜水果就是那时候传入的，比如葡萄、香菜、大蒜、石榴、茄子、豌豆。还有那些以胡字开头的水果和蔬菜，比如胡萝卜、胡桃（即核桃）、胡瓜（即黄瓜）和胡麻（即芝麻）等。

王莽从道德楷模变成了篡位者

王氏宗族的好孩子

"哥哥，我们宗族这些年轻人，你觉得谁能当大任呢？"汉宫里，皇太后王政君和大司马王凤正在聊天。汉武帝死后，汉朝经历了昭宣中兴，现在汉成帝在位，但朝廷大事小情都由他母后和舅舅管着。

王凤捋着胡子，沉思了片刻，说："我们王家年轻人里，最有德行的，也就是王莽了。"

"王莽？就是父亲早已经去世的那个孩子吗？"

"是呀，他特别孝顺。我生病时，宗族子弟轮流前来侍奉，最尽心的就是王莽了，替我尝汤药，一口口地喂我喝，几天几夜没合眼，连衣服都没脱过。"

太后身旁的小太监也说："我也听说了，王莽公子很节俭，吃的都是粗茶淡饭，却把省下的食物分给穷人吃，为了接济别人，把自己的马车都卖了。"

皇太后微笑着点了点头，说："我大汉皇室最重孝道和德行，这样的好孩子，我要向陛下多推荐。"

就这样，王莽凭着过人的德行，加上姑妈王太后和大伯王凤的推荐，一步步做到大司马，掌握着朝廷至高的权力。

虽然王莽的官越做越大，却仍然重视自己的德行。一次，他的母亲生病了，朝中大臣的夫人都去探望，她们穿着绫罗绸缎，戴着翡翠珍珠，坐着豪华马车前来。而王府门口，却只见一个穿着粗布衣服的女人在门口迎接。众人不以为意地问："你们家王夫人呢？我们是来探望老夫人的。"

"各位夫人，"这位衣衫简朴的老妇人说，"我就是，谢谢各位来探望，里边请吧。"

众位夫人吃了一惊："啊，您就是王夫人！看您穿得这么朴素，我们还以为……"

"司马大人一向节俭，朝廷赏赐的布料，都省下来分给穿不起衣服的人了。"

听了这一席话，各位夫人都很汗颜。回家提起王莽的德行，各位大人也都敬服不已。王莽在朝中的地位更加巩固了。

性情大变

西汉末期，朝廷动荡，皇帝们很小就即位，身体又不好，短短几年，王莽就经历了三代皇帝——汉成帝、汉哀帝、汉平帝。汉平帝即位时才九岁，太后王政君已经七十多岁了，特别信任王莽，把朝廷大小事情都交给王莽处理。随着权力越来越大，王莽贪婪的一面就显现出来了。

汉平帝即位时，本来他的亲生母亲卫姬也要来京城照顾他，但王莽担心卫姬会争夺权力，不让她进京。一个大臣看不下去了，上书说："陛下还小，需要母亲照顾，卫姬也只有陛下这一个儿子，请让母亲和儿子在一起，这样才符合孝道。"

奏折先到达王莽手里，看到这样的奏折，王莽气坏了："哼，这是讽刺我不懂孝道吗？"当时王莽就找了个理由将这个大臣革职，大家再也不敢议论这件事了。可是王莽的儿子王宇却看不下去了，他去找自己的老师和好朋友商量。他的老师

建议说："你的父亲很迷信，不如我们半夜偷偷在他门上泼上猪羊狗的血，等他第二天一早醒来，发现这些血，我们就告诉他，这是你阻止陛下母亲来京城，上天给的警告，以此来规劝他。"

当天晚上，王宇的好友就端着一盆血，偷偷泼在了王莽门前。谁知却一不小心被看门人发现了，看门人抓住王宇的好友去见王莽。

"说！是谁指使的！"王莽十分生气。

"是……是……"王宇的好友心想王宇是王莽的儿子，就算供出来，王莽最多把王宇骂一顿，就回答说："是您的儿子想劝您不要分开陛下和卫姬。"

"什么？这种事情也轮到你们这些小孩儿来管！"王莽怒不可遏，把王宇叫来，"你居然敢如此忤逆自己的父亲，其罪当诛！我不想亲手杀你，你自杀谢罪吧。"

就这样，王莽逼死了王宇，杀了王宇的老师和好朋友，还有在这件事上所有反对他的人，一共杀了好几百个人。

自己当皇帝

泼血事件后，王莽伪善的面具彻底被撕掉了，他一步步除掉了挡在自己夺权路上的人。没过几年，汉平帝去世，两岁的刘婴继位，王莽顺理成章地成了包揽一切的假皇帝，朝中所有事情都由他做主。但这样，他还不满足，他想成为真正的皇帝。

在那一年，全国各地忽然传出了"天帝的命令"，有人在书里找到了"王莽是真命天子"的句子，有人在高帝庙里发现了一个铜箱，上面写着"汉高祖让位给王莽"，民间一时传得沸沸扬扬。

这正符合王莽的心思，借这些"天帝的命令"，他顺理成章地登了基，从假皇帝变成了真皇帝，把汉朝改名为新朝。

可玉玺还在自己的姑姑太皇太后王政君手里呢。

此时，历经数代君王，见过无数大风大浪的王政君怎么也想不到，当年那个谦让孝顺节俭的侄子会篡夺皇位，派人来问自己要玉玺："太皇太后，新皇上任，请您交出玉玺吧。"

太皇太后王政君怒不可遏，说："王家几代都受了皇恩，王莽这忘恩负义的狗东西，趁着皇上年幼，篡取皇位，我当时真是看走了眼。"

"太皇太后，今天您给也得给，不给也得给。"

太皇太后气坏了，把玉玺狠狠往地上一摔，玉玺被摔坏了一个角。

王莽一上台就颁布了许多改革措施：废除汉代的货币五铢钱和刀币，用金子、银子、龟壳、贝壳、铜钱来当货币；把土地从那些土豪地主手里收回来，宣布土地为国有；禁止奴隶买卖；在市场上设立"物价局"管理市场上商品的价格；重视科技发明。

这些措施在今天看来都非常先进，可惜的是，这些措施在当时却没有发挥出效果。

（故事源自《汉书》）

青铜卡尺

20世纪90年代，考古学家在汉墓里发现了一把青铜卡尺，它跟当今使用的游标卡尺十分相似，由主尺和可活动的副尺组成。拉动副尺，将尺子卡在圆形物品上，从主尺读出长度，就是圆形物品的直径，读数比直尺要准确得多。这把青铜卡尺出现于王莽时期，比西方游标卡尺的发明早了一千多年。

你怎么看？

对于王莽，有人认为他是个伪君子，以前的道德模范形象是装的，是为了篡位做准备；有人认为他是位社会改革家，成王败寇，杀戮的形象是后人给他强加上的。你同意哪种看法？

绿林好汉和赤眉军来啦

肚子太饿了

西汉末年，王莽的改革引发了很多的社会矛盾，加上旱灾、水灾和蝗灾，粮食颗粒无收，湖北一带的百姓饿得不行，到处去找野菜吃，可就连挖野菜也要靠抢。这时，王匡和王凤两个人站了出来，协调大家之间的矛盾。可野菜也是有限的，挖着挖着就没了，大家还是没有吃的，饿死的人越来越多。

"不行，不能再这么下去了！饿死也是死，跟他们对着干还可能活下来！"王匡和王凤跟大家说。

"对，我们都听您二位的！"大家纷纷赞同。

于是，王匡和王凤把大家组织起来，他们选了一个叫绿林的山，发动了起

义。远近的难民都来投奔他们，他们的军队就叫绿林军，之后大家把民间起义的好汉叫作绿林好汉，就是从这儿来的。

与此同时，山东泰山附近活不下去的农民也发动了起义，他们把眉毛画成红色，叫赤眉军。

绿林军和赤眉军抢夺豪强地主的财物，分给吃不上东西的百姓，深受饥民拥戴，一时间，势力迅速发展壮大起来。

听到各地起义军发展壮大的消息，王莽急坏了："快，给朕打下去。"

可是王莽派出的军队根本打不过绿林军和赤眉军，全国各地，一时之间涌现了几十支起义的队伍，纷纷想要推翻王莽政权。

后来，刘玄成了绿林军首领，被推举为更始皇帝，之后各个首领都封了官位，刘縯（yǐn）被封为大司徒，刘秀被封为太常偏将军。绿林军士气冲天，要在混乱的王莽王朝闯出一片天。

昆阳城被围

绿林军一路向北，陆续攻下了昆阳（今河南叶县）、郾县（今河南郾城南）。看到绿林军一次又一次的胜利，王莽慌了，赶紧派出大将王寻和王邑带着42万兵马前去攻打昆阳。

当时，刘玄和刘縯已经在攻打宛城（今河南南阳宛城一带）了，刘秀和王凤、王常正在昆阳收拾战场，本来准备带着缴获的敌军粮草去支援宛城军队。

昆阳城小但很坚固，城外还有护城河，易守难攻。听说朝廷军队前来，大家本还想把新军堵在城外，可在城墙上远远望去，没想到新军乌泱乌泱根本望不到尽头，绿林军的将士傻眼了："王莽派出这么多兵马，我们肯定打不过，还是带着兄弟们赶紧回老家吧。"

"不行！"刘秀说，"要是我们现在回去了，朝廷很快就会把我们各个击破，还不如大家联合起来，一举打败朝廷兵马，建立功业。"

大家觉得刘秀说得有道理，都听从他的安排。于是，刘秀让王凤和王常带着八九千兵马守着昆阳城，自己则带着十三铁骑，半夜偷偷从南门突围出去寻找援军。

新军中，有人给将领王寻和王邑提建议："现在叛贼刘玄在攻打宛城，擒贼先擒王，我们不如去宛城，活捉了他，到时昆阳不用打就会归附了。"

王寻和王邑却说："不行！我等带着百万之师，却打不下一个昆阳，这不是笑话吗？先把昆阳打下来再说！"

于是，新军把昆阳城围了好几十层，架起高高的攻城云车，鼓声震天，攻城之战开始了。一时间，弓弩齐发，射向昆阳城的每个角落。城里的绿林军竖起降旗请求投降，王寻和王邑却不同意："我们要把这些乱臣贼子统统剿灭！"投降不成，绿林军反而被激起斗志，大家用血肉之躯紧紧守着城门，誓死护城。

绿林军大获全胜

刘秀已经说服附近的绿林军前来支援，但他带来的军队也就几千人，和昆阳城外42万新军相比，兵力还是天壤之别，但刘秀并没有畏惧：

"兄弟们，我们的好几千弟兄被围困在昆阳城中等着我们去营救呢。这次正是我们建功立业的好时机，打败新军，我们就能一战成名！"

士兵们被刘秀感染，士气高涨。

昆阳城外，绿林军和新军展开了殊死拼杀，冲在最前面的就是刘秀。刘秀本是一介柔弱书生，但他不顾自己性命，在军马之中奋勇拼杀，大家都被其精神感染，将生死置之度外，勇猛杀敌，把新军打得连连后退，撤回大本营。

刘秀还造了一封给昆阳城中的假书信，信上写着："我等已攻破宛城，前来支援你们。"

在刘秀的授意下，送信的使者假装把信弄丢了，被新军捡到。

"什么！宛城已经被攻破了？"

这几天，新军本就人心惶惶，先是头一天夜里一颗流星掉到军营中，第二天白天天空中又有像大山一样的乌云，对于迷信的古人来说，这些都是大凶之兆。将士们议论纷纷：宛城已经被攻破，等到宛城的援军来了，能不能活着回去还不知道呢。

此时，外面响起了震耳欲聋的呐喊声。刘秀带着三千敢死队，冲进了新军军营。

"冲啊！"喊声震天，坚守半个月的绿林军也打开城门冲了出来，和城外绿林军里应外合，两面夹击攻打新军。

此时的新军像无头苍蝇一样乱窜，别说什么战阵了，完全就只有挨打的份儿。

"轰隆隆——"天上电闪雷鸣。

"呼呼——"瞬时间狂风大作，连屋顶的瓦片都被掀翻。

"哗啦啦——"大雨滂沱，一下冲毁了新军军营。

狂风暴雨之下，被绿林军打得落花流水的新军相互践踏，死伤无数，光是掉进河里淹死的士兵就成千上万。

这次战斗的胜利也叫"昆阳大捷"，人数只有上万的绿林军打败了40多万的新军。他们缴获的武器、粮草堆积如山，一连搬了半个月都没搬完。昆阳大捷后，新军受到重创，各地的势力受到鼓舞，都起来响应绿林军。王莽的统治分崩离析。各路军队势不可挡地朝京城打去，沿路的县城纷纷投降。汉军到达京城，攻进了宫殿，杀了王莽。至此，新朝短短14年的统治结束了。

而刘秀，在众多混乱的地方军队中，慢慢显示出卓越的领导才能，开始了他

你怎么看？

你认为绿林军能以万余人的军队打败42万新军的原因是什么？

的一统之路。公元25年，刘秀在鄗（hào）城（今河北柏乡）称帝，为了表明光复汉室的决心，还用"汉"作为国号，史称"东汉"或"后汉"。

（故事源自《后汉书》）

知 识 卡 片

金缕玉衣

古人相信玉能让尸体不朽，因此一些王公贵族在生前会为自己准备一件金缕玉衣。要制作一件金缕玉衣可不简单，首先要把玉料抛光打孔，磨成上千块一定大小的玉片，再用金丝把这些玉片串起来，按主人的尺寸做成玉衣。现在，考古学家已经发现了十余件金缕玉衣，最完整的是汉中山王刘胜墓发现的金缕玉衣。

外戚和宦官轮流掌权

"陛下，您的权力都掌管在太后、舅舅手里，这可不行啊，这是刘姓的天下，又不是窦姓的天下。"皇宫里，一个宦官故作认真地跟皇帝说。

"可是能怎么办呀？朕也不想一直听母后的。"小皇帝说。

"别听他们的。陛下，咱们从小玩到大，咱们一起打败那些老魔头，咱们说了算。"太监跟小皇帝说。

与此同时，另一座宫殿里，太后也在跟自己娘家人商量：

"这些太监都把皇帝带坏了，不听哀家的了，怎么办？"

这是在东汉皇宫经常发生的场景。东汉末年，皇帝登基时都还是个贪玩的孩子。汉章帝19岁当皇帝，汉和帝10岁当皇帝，汉安帝13岁当皇帝，汉顺帝11岁当

皇帝，汉桓帝15岁当皇帝，汉灵帝12岁当皇帝。因此，朝廷大小事情都由太后做主，而太后又听自己娘家人的，这就是外戚专权。皇帝长大后不想听从太后，可身边又没什么人能依靠，只能依靠一直伺候自己的宦官，就又变成了宦官专权。东汉后期，政权就在外戚和宦官之间摇来晃去。

还好，东汉还有些爱读书的世家大族，他们读着儒家经典，有着治理国家的伟大志向，想改变外戚、宦官专权的局面，使国家回到光武中兴的辉煌时代。这些读书人里有个人叫李膺（yīng），他在做河南尹时遇到了这样一件案子。

李膺审案

有个叫张成的算命先生擅长算卦："天灵灵，地灵灵，我能预测未来的事情。"

有人问他："那你知道最近会发生什么大事吗？"

张成掐指一算，说："最近朝廷要大赦天下。"

"哈哈……"那人大笑，"这又没什么喜事，朝廷为什么要大赦天下？"

张成自信满满地对站在一旁的儿子说："儿子，信得过你爹吗？信得过的话，现在去杀个人，反正马上就能放出来了。"

张成的儿子听了父亲的话，果然去杀了一个人。这不，张成的儿子被逮捕，正送到李膺这里受审呢。他还吊儿郎当、大摇大摆地走进衙堂："没事儿，反正我爹说了，马上就大赦天下了。不管犯什么罪，都能赦免。"

李膺气不打一处来，说："什么大赦天下？我看你死到临头了！"

"报！"下面文吏来报，"大人，陛下有令，大赦天下了！"

"我说嘛，"张成的儿子挑着眉说，"李大人，还不给我放了？"

李膺忽然明白过来：张成结交了很多宦官，还曾进宫给陛下算过命，肯定是张成从宦官那里预先知道了要大赦天下的旨意，所以才有恃无恐，让自己的儿子去杀人。

"啪！"李膺愤怒地拍了惊堂木，"张成其子预先知道会大赦天下而杀人，故意利用皇恩，对陛下大不敬，其罪当诛。来人，拖下去斩了。"

"啊？大人！大人饶命啊……"张成的儿子吓得尿了裤子，"大人，放我一马吧，我再也不敢了。"

"拖下去！"

"啊——大人——大人——饶命啊——"只听见张成儿子的嚎哭声。

很多读书人被抓走了

此时，张成还在家里等着别人称赞他神仙再世呢，没想到传来的却是儿子命丧黄泉的消息，他一下子瘫坐在椅子上。

"好你个李膺，杀子之仇，不共戴天！"张成愤怒地说。

第二天，张成就去宫内找相熟的宦官，眼泪一把鼻涕一把地诉说了自己的丧子之痛，还不忘添油加醋地说："大人，李膺还不是杀我儿子这么简单，他连陛下大赦天下的命令都不听，下次，就要造反了。"

"这李膺，的确可恶。听说他和太学生关系很好，与几个大臣也经常聚在一起议政，我们早就想弹劾（hé）他。"

过了没多久，一封弹劾奏折就递到了汉桓帝的面前："李膺结党营私，勾结太学生，结交诸臣，在背后议论朝政，居心叵测。"

收到奏折后，汉桓帝龙颜大怒："查！凡是和李膺等人结成党派的，统统都

抓起来。"

于是，洛阳城里到处都是侍卫兵带着刀枪搜寻的声音："跟李膺有关系的，统统抓走。"没多久就抓了二百多个读书人。

李膺的手上脚上头上都被戴上了刑具，但即使这样，李膺还是没有改变自己当初的志向，绝不认罪："我没有错，错的是那些混淆黑白的宦官，只可惜京城这么多读书人，都被我连累了。"

这样的大范围搜捕持续了一年多，历史上称为党锢（gù）之祸。大家都很同情那些读书人，觉得他们是有理想有志气的人。

到了第二年，外戚窦武等向皇帝上书："此案牵涉的读书人太多了，再这样下去，就没有可以做官的人了。"加上被抓的人里面也有一些宦官子弟，宦官们也借这个机会跟皇帝求起了情。

皇帝的气也消了："算了吧，那就把他们放了吧。"李膺连同那些被抓的人都被放了出来，但都得离开京城回老家，一辈子不能当官。

名言名句 事不辞难，罪不逃刑，臣之节也。（〔汉〕李膺）

二次党锢之祸

过了几年，汉灵帝即位。外戚窦武重新掌握了权力，之前那些本不录用的年轻人又被起用了，重新做了官。但没隔多久，宦官又掌握了权力，他们对这些读书人非常不满，想再给这些读书人一点颜色看看。

有人向皇帝告状："陛下，那些读书人又结成了一党，妄议朝廷，想要造反。他们还相互标榜，把封号刻在了石头上，什么'三君''八俊''八级''八厨'，以前那个闹事的李膺就是'八俊'之一。"

皇帝最害怕有人造反了。于是，新的逮捕令又发了下去，各州各郡又开始抓捕读书人。

人们赶紧去向李膺通报："李大人，快逃吧，那些宦官又怂恿皇帝抓人了，抓您的衙役正在路上呢。"

李膺整理了一下衣服，坦然地说："我这一逃，反而害了别人，再说，我已经六十多岁了，生死有命，有什么可逃的呢？"

"李大人!"周围的人都流着泪劝他,"留得青山在,不怕没柴烧。您还是快逃吧。"

此时,官兵已经来了:"党人李膺,犯上作乱,跟我们走!"

李膺一把推开抓他的人,再整理了一下被抓皱的衣服,说:"我自己走。"

就这样,李膺自己走进了监狱。宦官逼他说出更多读书人的名字,他不肯,就在监狱里被拷打而死了。这一次又抓了好几百人,很多读书人都受到了牵连。

东汉后期,朝政被宦官和他们的子弟控制,越来越腐败。汉灵帝时,甚至把官位标上价钱,公开拿出来卖。汉朝的一代盛世,慢慢走向没落。被压迫的民众酝酿着新的一轮起义,新的英雄又要登场了。

(故事源自《后汉书》)

知识卡片

蔡伦造出了实用的纸

我国四大发明之一的造纸术就是东汉时发明的,发明者叫蔡伦。蔡伦本来是一个宦官,曾经掌管皇室工场,负责监造各种器械。那时候人们要么在笨重的竹简上写字,要么在贵重的丝帛上写字,这些书写材料都很不实用。蔡伦尝试多种办法,最后发现,可以把树皮、麻头、破布、渔网等浸泡成浆,再把浆晒成薄片,进行裁剪之后,就是可以书写的纸了。皇帝对这种纸赞不绝口,把这种纸叫"蔡侯纸",下令全国推广。

你怎么看?

东汉刚开国时,汉光武帝重视知识,恢复太学堂,搜集整理书籍,为什么东汉末年,皇帝却到处抓捕读书人?